五反田〜蒲田10.9kmを結ぶ15駅

東急電鉄池上線
沿線アルバム

生田 誠、矢崎康雄

JN096466

上り五反田行デハ3200形デハ3205ほか。終戦後に多く見られたが窓ガラスを小さいものを入れるべくサンが入っている。デハ3200形は目黒蒲田電鉄のモハ200形（のちの東急デハ3150形）に続いてモハ300形として同じ年1927（昭和2）年に川崎造船所で製造された。車体はほとんど同じだが、台車形状が異なり床面高さが10㎝ほど高い。当初クハ1形として製造されのちに電動車化したものもある。◎石川台　1954（昭和29）年12月24日　撮影：荻原二郎

Contents

はじめに

　「都会のローカル線」という言葉がふさわしいのか、どうかはわからないが、五反田駅と蒲田駅を結ぶ東急池上線には、東京の私鉄らしからぬ独特の風情が漂っている。歴史をひもといてゆくと、この線は池上本門寺に参詣客を運ぶ路線だったし、当初の沿線には大きな街も見当たらなかった。しかし、昭和時代に東京市が15区から35区へと拡大してゆく中で、沿線の開発が進んで、各駅周辺に住宅地、商業地が広がってゆく。特に起終点駅が置かれた蒲田と五反田は、ともに東京における個性的な街として成長していった。

　それでも、現在も3両編成で走る池上線には、どこかローカルな雰囲気が漂う。いまや懐メロとなった西島三重子の「池上線」の歌詞が、そのまま登場してきそうな駅前が目の前に浮かんでくる。ここでは、そんな懐メロ調の路線を走った車両の姿とともに、沿線に息づいてきた街と建物、名所の姿を振り返ってみたい。本邦初出の写真や絵葉書、地図などもできるだけ多く掲載して、読者の方に提供したつもりである。そんな風景、過ぎ去った時間の名残を感じていただければ幸いである。

2023年9月　　生田　誠

デハ3650形は1942（昭和17）年川崎車輛製。制御車として製造され、戦後、電動車化された。井の頭線1700形同様軽快なスタイルであった。連結面は広幅の貫通口に、湘南線（現在京急横浜以南）乗り入れを考慮して長軸台車をはいていた。
◎蒲田　1989（平成元）年1月29日　撮影：荻原俊夫

池上線の
路線図

（所蔵・文：生田誠）

【池上電車案内
（1923～26年頃）】
1923（大正12）年5月に池上
～雪ヶ谷（現・雪が谷大塚）
間を延伸した池上電気鉄道
の路線図で、本線は蒲田～
雪ヶ谷駅が開業している。五
反田方面には延伸しておら
ず、途中駅として光明寺駅が
存在していることなどから、
1926（大正15）年8月以前の
ものと推定できる。この当時、
池上～大森間の支線（点線で
表示）の建設計画があったこ
とも読み取れる。慶大グラウ
ンド前（現・千鳥町）駅は、ま
だ開業していない。雪ヶ谷駅
から先の未開業の路線にお
いては、洗足、馬込、中延、平
塚、北耕地に開設の予定が示
されてはいるものの、実際に
設置されて、現在に残る駅名
とは大きく異なっている。

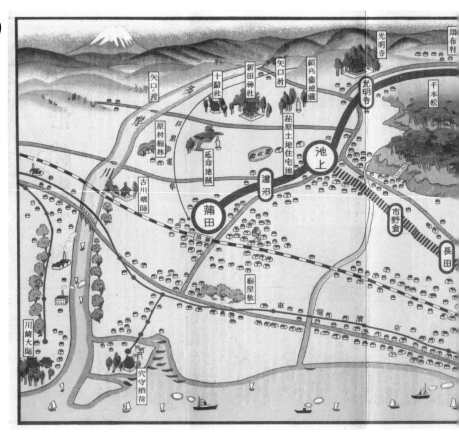

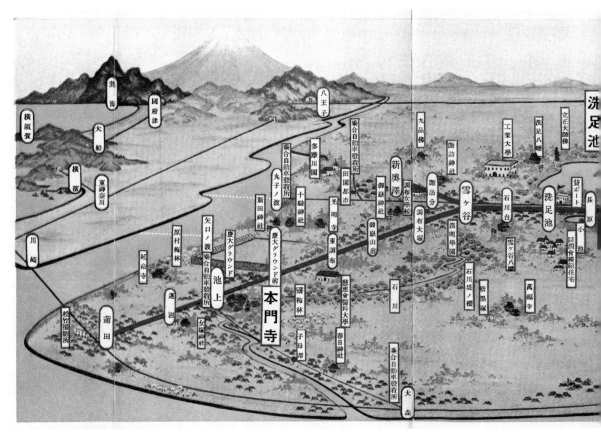

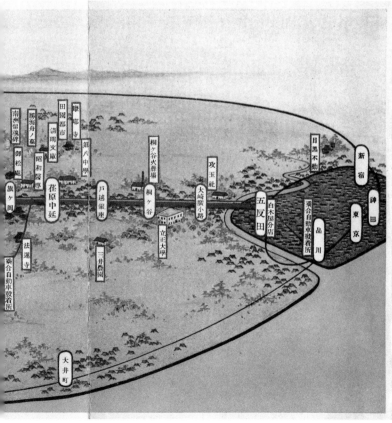

【池上電鉄沿線案内（1929年）】
1934（昭和9）年10月に池上電気鉄道が目黒蒲田電鉄に吸収合併される前の沿線案内図である。既に池上〜五反田間の全線が開通しており、雪ヶ谷（現・雪が谷大塚）〜新奥沢間の新奥沢線が存在している。また、五反田駅の駅ビルには白木屋分店（支店、1928年暮れに開店）が出店している。中間駅では、御嶽山前駅が1929（昭和4）年6月に御嶽山駅に改称されることから、1929年前半に作成されたものと推測される。現在の千鳥町駅付近に慶応義塾大学のグラウンドが開設されて、慶大グラウンド前駅が誕生していた。沿線には東京工業大学、調布女学校（現・田園調布学園大学ほか）、立正女学校（現・東京立正中学校・高校）などの学校が誕生している。

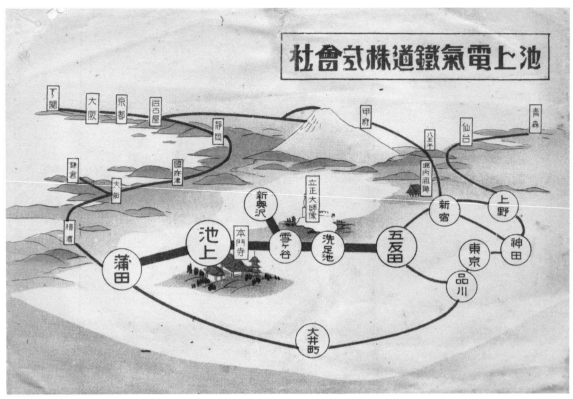

【池上電気鉄道沿線図（昭和戦前期）】
「池上本門寺参拝案内」の裏表紙となっていた、池上電気鉄道の沿線図である。五反田駅では山手線、蒲田駅では東海道本線と連絡しており、国鉄の路線が描かれている。特徴的なのは中央上に富士山が存在しており、甲府駅が示されていることである。その先は名古屋駅で東海道本線と接続しており、京都駅、大阪駅をへて、下関駅まで路線がつながっている。

【池上電車沿線御案内
（1923～26年頃）】
前ページで紹介している「池上電車案内」の裏面で、沿線の名所の解説とともに旅客運賃表や、沿線における年中行事などが記されている。この沿線には、本門寺をはじめとして、洗足池や御松庵、立正大師銅像、立正大学といった日蓮（立正大師）ゆかりの場所が多くあったことがわかる。

【池上電気鉄道沿線案内絵葉書（昭和戦前期）】
新奥沢線が存在していた頃の池上電気鉄道の沿線案内を兼ねた絵葉書で、絵図のほかに洗足池の水面とボートに乗る松竹蒲田撮影所（キネマ）の男優・女優の写真が加えられている。現在の御嶽山駅は「御嶽山前」で、旗の台駅は「旗ヶ岡」の駅名を名乗っていた。大崎広小路駅の隣駅として、桐ケ谷駅が置かれていた。

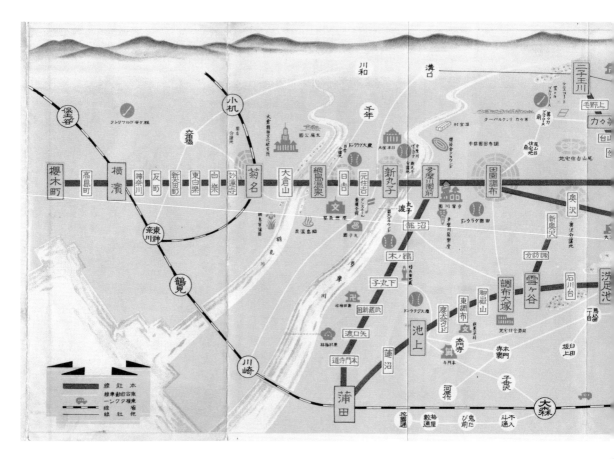

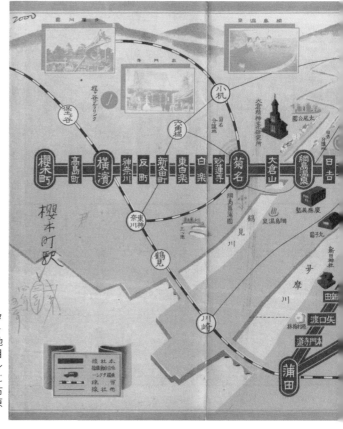

【蒲田東横電車沿線案内（1934〜35年頃）】
池上線を含む現・東急の沿線案内ではあるが、表紙のタイトルは「蒲田東横電車」となっている。ここでは雪ヶ谷（現・雪が谷大塚）〜新奥沢間の新奥沢線とともに、池上線に調布大塚駅が存在している。東横・目蒲（現・目黒）線の田園調布駅付近にあった野球場の田園グラウンドは、田園調布テニスコート（現・田園テニス倶楽部）に変わっている。池上線の慶大グラウンド（前）駅、東調布駅は1936（昭和11）年1月にそれぞれ千鳥町駅、久ヶ原（現・久が原）駅に駅名を改称することになる。

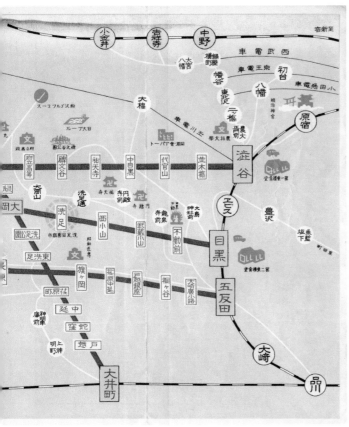

【東横・目蒲・池上電車沿線案内（1934～35年頃）】
東京横浜電鉄・目黒蒲田電鉄と池上電気鉄道（現・東急池上線）が1934（昭和9）年10月に合併したことで、池上線を含む「東横・目蒲・池上電車」の沿線案内となっている。1928（昭和3）年10月に開業した、雪ヶ谷（現・雪が谷大塚）～新奥沢間の新奥沢線は、1935（昭和10）年11月に廃止されるが、これは廃止前のものであり、1934（昭和9）年10月～1935（昭和10）年11月に製作されたと推定できる。東横・目蒲（現・目黒）線の田園調布駅付近には、野球場の田園グラウンドが見える。池上線の調布大塚駅はこの後、雪ヶ谷駅と合併して、雪ヶ谷大塚（現・雪が谷大塚）駅となるが、合併・廃止の時期については諸説が存在している。

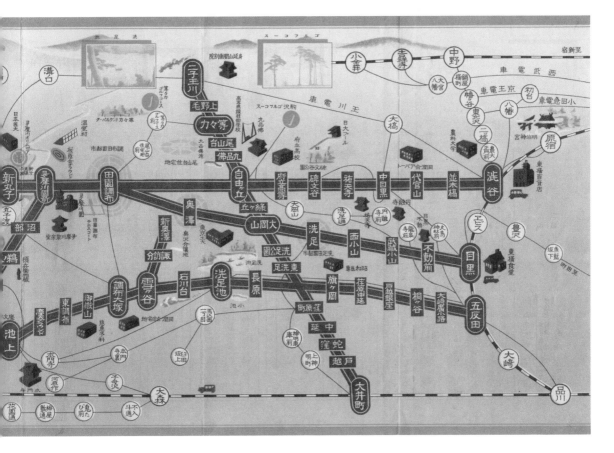

【東横・目蒲・多摩川電車沿線案内（部分）（1937年3月）】
1937（昭和12）年3月に作成された「東横・目蒲・多摩川電車沿線案内」の池上線を含む部分図である。廃止時期について諸説が見られる、池上線の調布大塚駅はまだ存在しており、東横・目蒲（現・目黒）線の田園調布駅や新丸子駅との連絡バスの発着点となっていた。新丸子駅付近では、野球場だった「多摩川オリムピア」に代わり、1936（昭和11）年5月に日本初のサーキット「多摩川スピードウェイ」が誕生している。

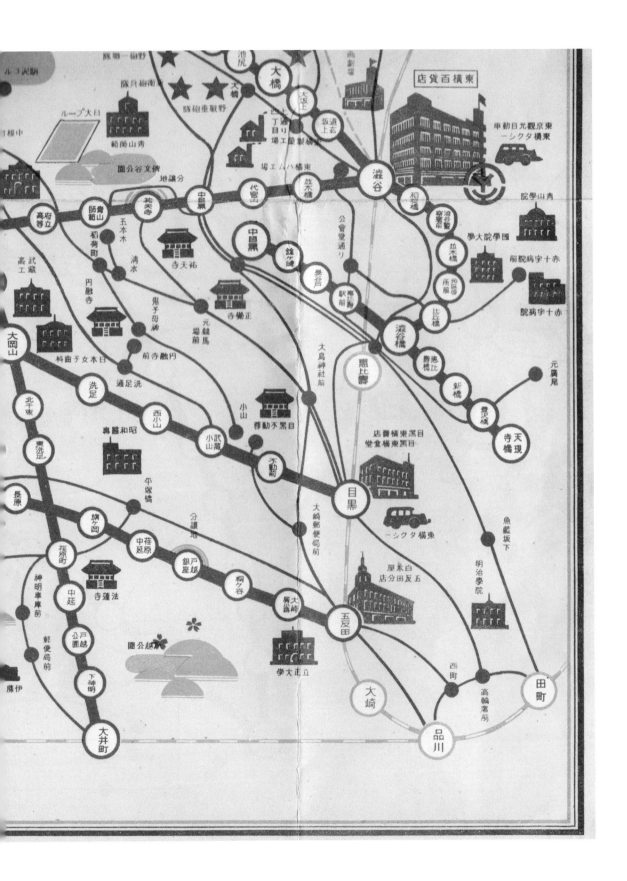

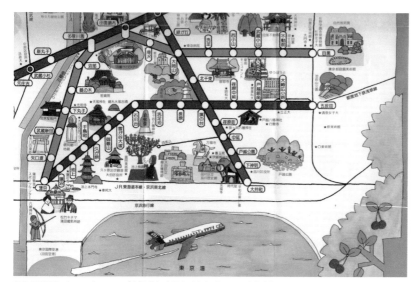

【東急沿線イラストマップ（部分）（昭和60年代〜平成期）】
田園都市線・新玉川線などを含む東急のイラストマップ（沿線案内図）で、池上線の部分をピックアップした。大崎広小路駅付近には、2015（平成27）年まで開館していたゆうぽうと（東京簡易保険会館）が描かれている。結婚式場やレストランなどがあったこの施設の跡地には、星野リゾートのホテルなどが入る「五反田JPビルディング」が現在、建設中である。蒲田駅付近には、松竹キネマ蒲田撮影所跡とともに、ボウリング場だった蒲田東急スポーツセンターがあった。東京湾上空には飛行機が見える。

【東京急行沿線案内（昭和30年代）】
玉川線が存在していた頃の東急の沿線案内で、正方形の形となって東京、神奈川の各地を結ぶ路線が描かれている。他の沿線案内に比べると、名所旧跡の数が少なく、描き方もかなりシンプルになっている。池上線の部分では、「洗足池ボート」と「池上本門寺」がオレンジ色のマル印で示され、御嶽山駅付近に「御嶽神社」、久ヶ原（現・久が原）駅付近に「如意庵」の文字が見える。

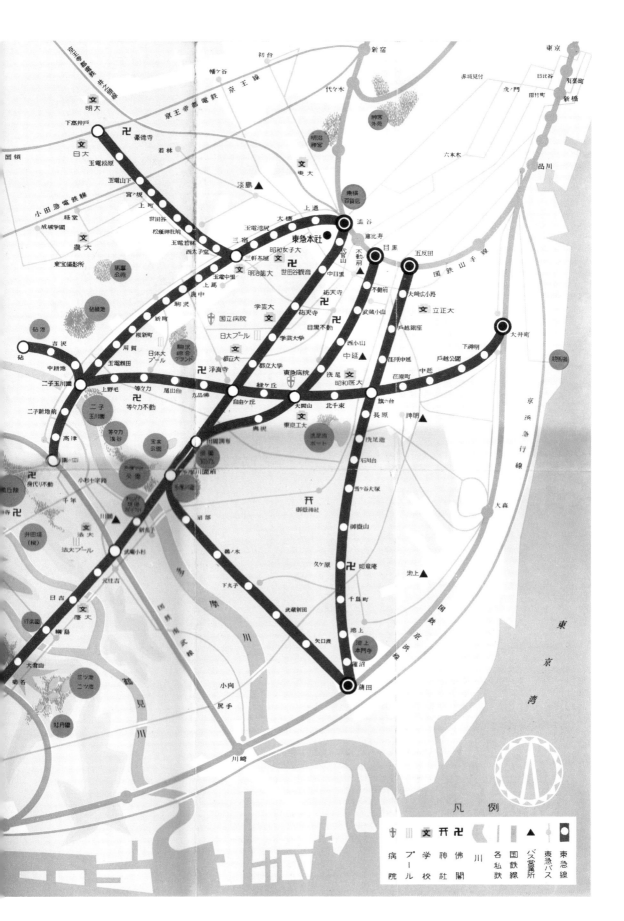

五反田駅

所在地：品川区東五反田２−１−１
開業：1928（昭和３）年６月17日
キロ程：0.0km（五反田起点）　ホーム：１面２線
乗降人員：82,403人（2021年）

　関東大震災後の東京では、山手線の西側をターミナル駅とする私鉄が続々と開通していた。五反田駅を起点とする池上電気鉄道（現・東急池上線）もそのひとつで、もともとは池上本門寺への参詣客を輸送することを主な目的として建設された路線だった。まず、1922（大正11）年10月に蒲田〜池上間が開通した後、徐々に延伸を行い、震災を挟んだ1928（昭和３）年６月に大崎広小路〜五反田間が延伸し、蒲田〜五反田間の全線が開通したのである。なお、当初の計画では、五反田駅ではなく、目黒駅との間を結ぶ計画だったが、これについては別の場所で説明することになる。

　品川区内の南西から延びてきた池上線は、山手線の五反田駅の南東にあたる環状六号線（都道317号）沿いに駅舎を置いた。現・JR駅の所在地は品川区東五反田１丁目であり、池上線の駅は品川区東五反田２丁目である。山手線のガードを越えた先に位置するため、JR線よりもさらに高い高架駅となっている。駅舎は地上９階建ての東急五反田ビルの４階にあって、ホームはその先に延びている。もっとも、池上線の車両は３両編成のため、ホームはかなり短くなっている。駅の構造は島式ホーム１面２線の高架駅である。

　五反田駅の歴史は、山手線の他のターミナル駅に比べると、さほど古くはない。歴史をさかのぼれば、「五反田」という地名は大崎村の小字に過ぎなかった。その名の通り、目黒川の谷沿いに五反（約5000平方メートル）ほどの区画の田圃がある場所で、日本鉄道が建設した品川（現・山手）線の開業時（1885年３月１日）には、品川〜渋谷間に中間駅は存在しなかった。開業間もなくで目黒駅が誕生し、次に貨物駅としての恵比寿駅、大崎駅が開業した後、国有化されて山手線の名称が付けられ、その後の1911（明治44）年10月に五反田駅が開業している。お隣の大崎駅との駅間は0.9キロであり、目黒駅との距離も1.2キロと短い区間となっている。地下鉄との連絡も長くなかったが、1968（昭和43）年11月に都営地下鉄１号線（現・浅草線）の五反田駅が誕生している。JR五反田駅の構造は、東急駅と同じ島式ホーム１面２線の高架駅である。

　この五反田という街はさまざまな性格をもっているが、まずは山手線の内側の古い歴史を語らね

ばならないだろう。五反田駅付近の山手線の内側には、「城南五山」に数えられる島津山、池田山という高級住宅地が広がっている。

　駅の東側にある島津山には、清泉女子大学のキャンパスが存在している。山の名前が示すように、かつては島津公爵家の本邸が存在した場所である。しかし、さらにさかのぼれば、ここが「袖ケ崎」という場所で、現在も北側に袖ケ崎神社という古社が残されている歴史に包まれたところである。桜田通り（国道１号・中原街道）沿いに鎮座する袖ケ崎神社は、平安末期の1137（保元元）年の創建とされ、「忍田稲荷大明神」として地元民の間で崇敬され、明治維新後に現在の名称、袖ケ崎神社になったとされる。島津山一帯は、江戸時代には仙台藩伊達家の拝領地となっていたが、1873（明治６）年には島津公爵家が譲り受け、島津公爵家の人々が住む袖ケ崎本邸となった。当初は和風の邸宅だったが、1917（大正６）年にはジョサイア・コンドル設計による洋館が建設された。その後、所有者が変わり、1962（昭和37）年に清泉女子大学が横須賀市から移転してきた。コンドル設計のイタリア・ルネッサンス様式の旧島津家本邸は現在、大学の本館として使用されている。

　桜田通りの南側には、もうひとつの古社である雉子神社も鎮座している。ここには室町時代の文明年間（1469〜87年）から大鳥明神が祀られていたが、江戸時代の慶長年間（1596〜1615年）に三代将軍徳川家光が鷹狩の際に立ち寄り、そのときに白い雉子が飛び去ったことから吉祥の地として、雉子ノ宮と呼ばれるようになった。明治以降は雉子神社となり、現在は上大崎村にあった三島神社が合祀されている。この雉子神社があるあたりの桜田通りは「相生坂」と呼ばれているが、一名は「雉子ノ宮坂」だった。そして、坂の下には三田用水が流れ、袖ヶ崎橋が架けられていた。この三田用水は、江戸時代には農業用水として世田谷、三田あたりの農地を潤す、「江戸の六上水」のひとつだった。明治維新後は、工業用水にも利用されていたが、その後に暗渠化されて、袖ヶ崎橋も姿を消した。

　雉子神社から桜田通りを渡ると、NTT東日本関東病院が存在する。この病院は1951（昭和26）年に関東逓信病院として開院し、1986（昭和61）年

からは一般患者を受け入れて、地域医療の拠点となっている。この北西一帯の池田山は、江戸時代には岡山藩池田家の下屋敷があった場所であり、戦前に箱根土地（現・西武）により高級住宅地として分譲され、そのひとつだった美智子上皇后の実家、正田家の邸宅跡は、区立公園「ねむの木の庭」となっている。また、この屋敷にあった回遊式庭園などは、品川区立池田山公園として保存、公開されている。池田山から目黒駅に近い花房山にかけては、住宅地の中に各国の大使館が存在している。

そして、五反田駅に近い場所には都内でも有数の歓楽街があることも忘れてはならない。五反田には1921（大正10）年に花街が誕生し、1925（大正14）年以降は三業地として発展した歴史もある。三業地とは、「料亭・芸者置屋・待合」の3つの営業が許可された場所を指し、駅前や目黒川沿いに発展した歓楽街のルーツはここにある。料亭としては1925（大正14）年に創業した、目黒川沿いに広がる松泉閣が有名で、その跡地には戦後、五反田ボウリングセンターが建てられており、現在は地上25階建ての高層マンション、プラウドタワー東五反田などに変わっている。戦後も営業していた旅館のひとつ、海喜館は近年、大手住宅メーカーを巻き込んだ詐欺事件の舞台として話題になっている。海喜館

の跡地は、地上25階建ての高層マンション、アトラスタワー五反田が建設中である（2024年入居予定）。

また、五反田は大企業との縁の深い街でもある。戦前には星製薬の工場が幅を利かせていた。戦後は、ソニー本社が御殿山の南東（北品川5丁目側）に置かれ、このあたりの都道317号（環状六号線）は「ソニー通り」と呼ばれていた。また、現在も駅周辺には大手出版社の学研や化粧品のポーラの本社があり、DNP（大日本印刷）の五反田ショールームも存在している。このうち、星製薬については、続く大崎広小路駅のページで詳しく紹介する。五反田駅の西口を出て、目黒川を越えれば、すぐそこに山手通りが走り、大崎広小路駅が存在している。その距離はわずか0.3キロである。

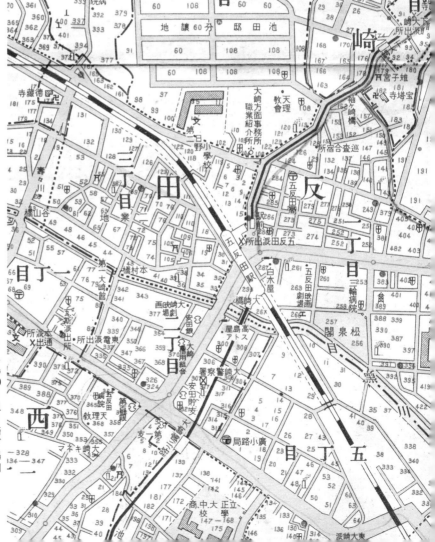

【五反田駅周辺地図（1941年）】
昭和戦前期、五反田駅付近には白木屋とともに、「高島屋ストア」も出店してきた。駅南側の大崎橋付近に見える、この高島屋ストアは、正しくは「高島屋10銭・20銭・50銭ストア」という均一価格による販売店で、現在の100円ショップの元祖といわれている（30ページ写真参照）。この付近には「安田銀行」の支店、「大崎信用組合」「大崎映画劇場」などの文字が見え、銀行や映画館が並んだ賑やかな場所であったことがわかる。品川区詳細図の部分である。

五反田駅周辺

（左ページ上）帝国陸軍参謀本部陸地測量部発行「1/10000地形図」
（左ページ下）帝国陸軍参謀本部陸地測量部発行「1/10000地形図」
（右ページ上）建設省地理調査所発行「1/10000地形図」
（右ページ下）建設省国土地理院発行「1/10000地形図」

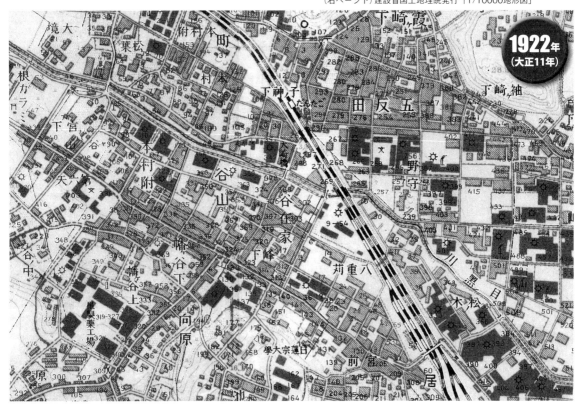

1922年
（大正11年）

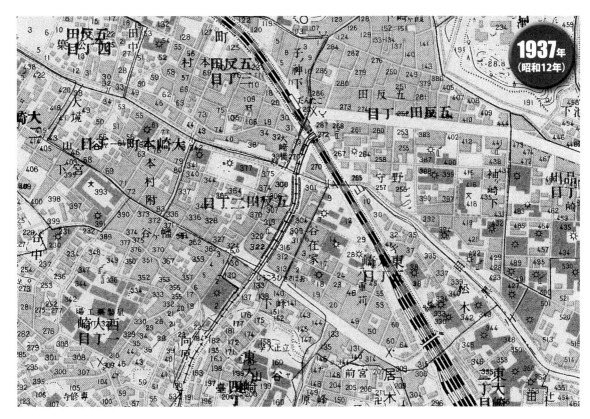

1937年
（昭和12年）

4枚の地図を比較すると、当初は大崎村の小字だった「五反田」が、山手線駅名に採用されたことで、大きく広がってゆく様子が見て取れる。最初の地図では、五反田駅の周辺に「五反田」がある一方で、島津山付近には「袖ヶ崎下」「霞ケ崎下」といった古い地名も残っていた。やがて、駅の東西で広く「五反田」の地名が採用され、現在に至る「東五反田」「西五反田」が誕生する。また、一帯の村名であった「大崎」はこの付近から消えていった。

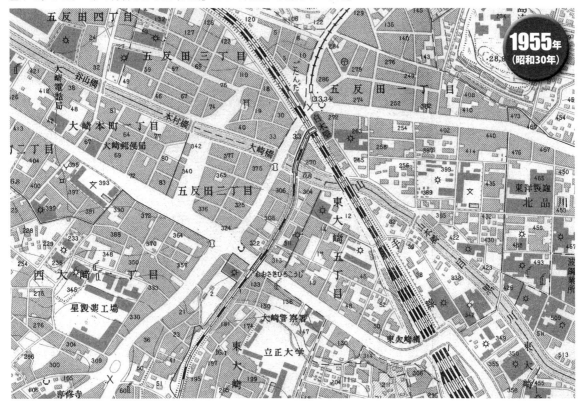

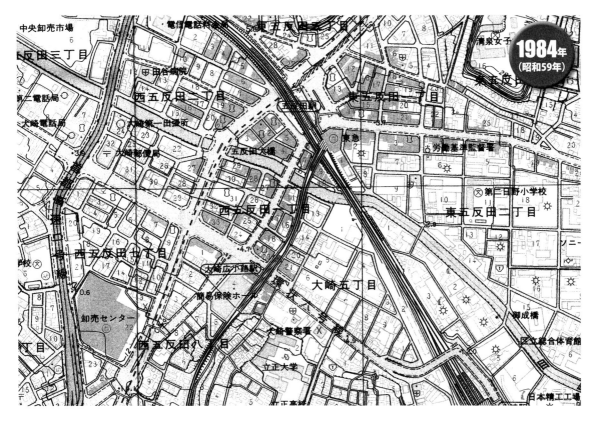

【国鉄五反田駅(昭和戦前期)】白木屋の屋上から目黒方面を見た五反田駅付近の風景である。右側には山手線の線路と駅の
ホームが見え、街のあちこちには高い煙突が建てられている。1931（昭和6）年に刊行された「日本地理風俗大系2　大
東京篇」には、このような関東大震災の被害から復興しつつあった東京の街の姿が撮影されている。

【白木屋五反田店(昭和戦後期)】日本橋交差点に店舗を構えていた百貨店「白木屋」は、関東大震災で被災したことを受け、
各地に分店を設ける多店舗の営業を始めていた。1928（昭和3）年に開店した五反田店もそのひとつで、池上電気鉄道の
五反田駅ビルで開店し、その後の1937（昭和12）年に改築が行われている。1957（昭和32）年には五反田東急ストアと
なり、現在は五反田東急スクエアに変わっている。

【大崎町役場（明治後期）】
1889（明治22）年に下大崎村、上大崎村、桐ヶ谷村、居木橋村などが合併して成立した東京府荏原郡の大崎村。1908（明治41）年に町制を施行して、大崎町となっている。これは大字下大崎字霞ヶ崎に置かれていた役場の明治後期の姿で、木造2階建ての素朴な建物だった。

【大崎郵便局（昭和戦前期）】
五反田駅付近は1932（昭和7）年まで荏原郡大崎町だったため、駅周辺にある行政関係の施設には、現在も「大崎」を冠したものが多く残されている。これは、民営化以前は地域の中心だった集配普通郵便局となっていた大崎郵便局で、現在は品川区西五反田2丁目に存在している。

【逓信省電気試験所（昭和戦前期）】1891（明治24）年、京橋区木挽町（現・銀座）にあった逓信省の構内に創設された電気試験所は、関東大震災後に五反田に移転してきた。その後、1950（昭和25）年に三鷹に移転し、跡地には1952（昭和27）年に関東逓信病院（現・NTT東日本関東病院）が建てられた。

【松泉閣全景（昭和戦前期）】
五反田駅の南側、目黒川沿いにあった大規模な料亭・旅館「松泉閣」の絵図である。大きな庭園には全国から珍石奇石が集められて、「東京の箱根山」と呼ばれる風景を形成していた。割烹旅館ではあるが、ラジウム温泉も売り物としており、この絵図においても「温泉好浴方方の福音」という赤い文字で、パームチット式による軟水浴場の設備を備えられていることを示しており、温浴場の平面図も描かれている。

21

五反田の地で和風の割烹料亭として人気のあった松泉閣の園内の風景を紹介する。大正末期から昭和戦前期にかけて、各種のカラー、モノクロタイプの絵葉書が発行されていた。ここの売り物はラジウム温泉（軟水浴場）と奇石・珍石を集めた滝のある庭園であり、絵葉書からもその見事さがうかがえる。なお、全景と題された大きな和風建築物は、20〜21ページの絵図には存在せず、その後に建てられた新館かと思われる。

松泉閣　入口（昭和戦前期）

松泉閣　滝（昭和戦前期）

五反田　松泉閣　庭園
The Garden of Shosenkaku, Gotanda

松泉閣　庭園（昭和戦前期）

松泉閣　浴室（昭和戦前期）

松泉閣　玄関（昭和戦前期）

松泉閣　全景（新館か？）
（昭和戦前期）

【島津公爵邸（1917年）】
建築家、ジョサイア・コンドルが設計した島津公爵邸の本館。現在は清泉女子大学の所有となっており、国の重要文化財に指定されている。

【島津公爵邸（1917年）】
袖ヶ崎にあったこの場所は、もともとは仙台藩伊達家の下屋敷であったが、明治初期に島津家の所有となり、現在は「島津山」と呼ばれている。当初は和風の邸宅が建てられており、邸内には神社の鳥居があった。

【袖ヶ崎橋（明治後期）】
三田用水に架けられていた袖ヶ崎橋。「袖ヶ崎」はこのあたりの地名で、やや離れた北側に袖ヶ崎神社が鎮座している。奥に見える鳥居は雉子神社のものか。

【島津公爵邸（1917年）】
島津公爵家の立派な石造りの門である。この邸宅の持ち主は後に箱根土地、日本銀行に変わり、戦後はGHQの所有となった。接収解除後の1961（昭和36）年、清泉女子大学が日本銀行から土地、建物を購入し、横須賀から移転してきた。

【雉子神社（明治後期）】
桜田通り（国道1号）に面した現・東五反田1丁目に鎮座している雉子神社。現在は、白雉子ビルの吹き抜け（1階）に木造の社殿が建てられている。

【島津山付近（1954年）】
1954（昭和29）年に発行された品川区詳細図から、島津山がある五反田6丁目付近の地図である。現在、このあたりは東五反田3丁目などに変わっている。この頃には、雉子宮（神社）の南側に袖ヶ崎橋が存在していた。桜田通りの反対側には、電気試験所に代わって、日本電信電話公社関東通信病院が誕生している。

鉄道省から譲り受けた木造車デハ26。写真の後方が出口、左下には山手線の電車が写っている。池上電気鉄道では省線山手線や中央線の昇圧に伴い鉄道省からデハ6310形を10両払い下げられデハ20形20〜29として使用された。1934（昭和9）年に目黒蒲田電鉄に合併後はモハ30形（2代目）30〜39に改番、昭和10年代に鋼体化された。
◎五反田
1932（昭和7）年1月30日
撮影：荻原二郎

山手線のホームから見た池上電気鉄道の五反田駅ホーム。その下は右から中延洗足蒲田行の文字が見える。電車の下の看板は「洗足池のボート遊びと魚釣り」と書かれている。1両の電車は貫通式のように見えるので池上電気鉄道最初の半鋼製車デハ100形であろう。側面に夕陽がギラリと反射、まだ木造車が多かった頃、鋼製の電車が輝いた様をうまくとらえた。池上電気鉄道は1934（昭和9）年に目黒蒲田電鉄に合併される。
◎五反田
1932（昭和7）年1月30日
撮影：荻原二郎

周りに高い建物が少なかった頃は池上線の高架線は周辺からもよく見えているはず。高架線の先に見える電車は中間にサハ3100型を挟んだデハ3150形もしくはデハ3200形。下の山手貨物線を行く貨物列車は外回り北行。様々な貨車が連結されている。
◎五反田
1966（昭和41）年12月2日
撮影：荻原二郎

国鉄山手線連絡改札口からホームを撮影している。到着した電車はデハ3209。ホーム、改札口の配置は現在でも踏襲している。ホーム上の時刻表ではラッシュ時1時間当たり17本、3分半の間隔、日中も2時間で15本、8分間隔で運行されている。山手線の線路上にホームがあるのは銀座線の渋谷が移設されたので今は五反田と秋葉原だけである。
◎五反田
1966（昭和41）年12月2日
撮影：荻原二郎

到着するデハ3300形3309が先頭の3連。前面の方向板は五反田〜雪ヶ谷大塚の区間表示。1両目と3両目の側面窓上にはサボが見える。窓上の11の運行番号、黒字に白。左手遠方に立正大学の建物が見えるが他には高い建物がほとんど見えない。
◎五反田
1962（昭和37）年4月28日
撮影：荻原二郎

高架線は左が下り線蒲田方面、右が上り線で五反田方面。左下り線の下には万年筆の吉光堂、右手にはオカジマ文具の看板にはコクヨの文字が見える。写真の一番左は丸吉百貨店と書かれている。百貨店が大規模とは限らなかった。
◎大崎広小路
1961（昭和36）年11月29日
撮影：荻原二郎

【五反田駅付近　空撮（1962年）】
桜田通り・第二京浜（国道1号）については、工事中で道路整備が行われていた頃で、五反田駅の駅前には広い更地があり、たくさんの自動車が停車している。一方、中原街道（東京都道・神奈川県道2号）には、たくさんの自動車、バスが通行している。山手線は左手が大崎駅側、右手が目黒駅側で、左奥にある池上線の東急五反田ビル（現・五反田東急スクエア）と連絡している。上側には目黒川が流れており、大崎橋が架けられている。◎1962（昭和37）年5月27日　撮影：朝日新聞社

大崎広小路駅

所在地：品川区大崎4−1−1
開業：1927（昭和2）年10月9日
キロ程：0.3km（五反田起点）　ホーム：1面2線
乗降人員：6,995人（2022年）

現在の東急池上線を建設した池上電気鉄道は当初、都心側のターミナル駅は目黒駅とする計画だった。しかし、後に合併され目黒蒲田電鉄（目蒲線）が先に目黒駅に乗り入れたことで計画を変更。そのため、五反田駅への乗り入れを目指したが、1927（昭和2）年10月の開業には間に合わず、この大崎広小路駅を当面の間の起終点駅とした。1928（昭和3）年6月、ようやく五反田駅への延伸を果たし、大崎広小路駅の起終点駅の役割はわずか8か月で終わりを遂げた。こうした事情により、大崎広小路駅と五反田駅の駅間は、わずか0.3キロとなっている。この大崎広小路駅は、山手通りと中原街道との交差点付近に置かれており、ここのあたりから池上線は中原街道に寄り添い、ときには離れながら南西に向かって進んでゆく。駅の所在地は品川区大崎4丁目である。

「大崎広小路」という駅名は、地名の「大崎」に「広小路」が加えられたことは明らかである。「広小路」とは、広い道路（道路が広くなっている場所）を指し、江戸時代には上野広小路や両国広小路（現・東日本橋）といった火除け地ができた例があるが、「大崎広小路」はここに広い道路の「山手通り」が開通したことを示していた。また、なぜ地名の「大崎」が付いたかといえば、このあたりが当時、大崎村だったからである。1889（明治22）年、荏原郡の下大崎村、上大崎村、桐ヶ谷村などが合併して、大崎村が成立。1908（明治41）年からは大崎町となっていた。1932（昭和7）年、荏原郡全体が東京市に編入されて、大崎町は品川区の一部になった。駅の南東、山手通り沿いにある警察署は、同様に大崎警察署と呼ばれているが、この付近のビルなどには大崎と五反田という、2つの名称が見られるのである。

この大崎広小路駅の付近には、2つの著名な施設が存在する。ひとつは駅の南東に広がる立正大学のキャンパス、もうひとつは中原街道、第二京

【大崎広小路（昭和戦前期）】
目黒川に架かる大崎橋付近の中原街道（第二京浜国道）、大崎広小路付近を撮影した絵葉書である。左手上には、15ページ下の地図で開設した「高島屋10銭20銭50銭ストア」の大きな看板が見えている。道路上にはバスの後ろ姿が見えるものの、自動車の姿はほとんどなく、自転車や荷車が多く通行していた。中原街道には既に歩道が整備されている。

浜（国道１号）沿いに建つ五反田TOCである。立正大学は1904（明治37）年に日蓮宗大学林として現在の品川区大崎に設立され、1907（明治40）年に日蓮宗大学と改称している。その淵源は1580（天正８）年に千葉県で創立された日蓮宗の教育機関、飯高檀林であり、明治維新後の1872（明治５）年には、東京・芝に日蓮宗小教院が設立されている。1924（大正13）年には立正大学となった。この品川（旧大崎）キャンパスとともに、埼玉県に熊谷キャンパスを有している。品川キャンパスには、学長を務めた元首相、石橋湛山の名称が付いた石橋湛山記念講堂が存在している。

五反田TOCビルは、かつての星製薬本社・工場跡地に建つ複合施設（商業施設、コンベンションセンターなど）で、1970（昭和45）年に開館している。星製薬は1910（明治43）年、作家・星新一の父である実業家、星一が創業した薬品メーカーで、星は星薬科大学の前身である星製薬商業学校も設立している。創業者である星一の死後、会社は星新一が引き継いだが、間もなく、ホテルニューオータニの大谷米太郎に譲渡された。TOC（テーオーシー）は東京卸売センターの略称であり、株式会社テーオーシーは本社のある五反田　TOCビルのほか、浅草ROX、大崎ニューシティなどで不動産事業を展開している。

続いて、ここでは次の戸越銀座駅の北西、荏原２丁目にキャンパスのある星薬科大学についても触れておく。ここには戦前から星製薬商業学校があり、星薬学専門学校をへて、戦後に星薬科大学に変わっている。星一は1911（明治44）年、社員や薬

局の子弟の教育機関を設け、これが講習会、学校へと発展したのである。キャンパス内には、1924（大正13）年に完成した、チェコ出身の建築家、アントニン・レイモンド設計による本館、大講堂（メインホール）が残されている。メインホールなどは戦後、GHQに接収されていたが、1949（昭和24）年に大学に返還された。星薬科大学は、翌1950（昭和25）年に設立されている。

大崎広小路駅と戸越銀座駅との間には、1927（昭和２）年８月から約19年間にわたり、桐ケ谷駅が存在していた。この駅は同年10月に大崎広小路駅が開業する前のわずかの間（１か月余り）、起終点駅になっていたが、1945（昭和20）年５月の空襲で被災して、同年７月に営業休止し、そのまま再開されることはなく、1953（昭和28）年８月に廃止された。戦前における住所は品川区西大崎１丁目で、現在の住宅表示は大崎４丁目となっている。駅の構造は島式ホーム１面２線の地上駅だった。なお、戦前には荏原郡桐ケ谷村が存在しており、1889（明治22）年の合併で大崎村（後に町）となっている。東急目黒線の不動前駅に近い西五反田５丁目には、桐ヶ谷斎場が存在している。

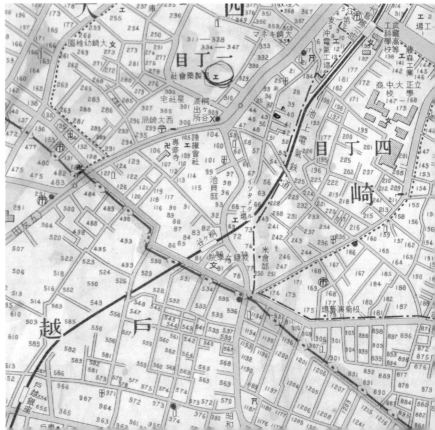

【大崎広小路駅、桐ケ谷駅付近（1933年）】
1933（昭和８）年に発行された品川・荏原区詳細図から、大崎広小路駅の南西部分をピックアップした地図である。この頃は桐ヶ谷駅が存在し、駅そばには裁縫女学校があった。この裁縫女学校は、現在の文教大学学園の前身である。大崎広小路駅の西、桐ヶ谷駅の北には星製薬会社と星社宅が見える。

実業家の星一が1911（明治44）年に創立した星製薬株式会社は、大正期に入るとライバル会社を次々と合併して大きく成長していった。星は本社・工場を当時の荏原郡大崎町（現・品川区西五反田）に建設したほか、社員や販売店の子弟の教育にも力を注ぎ、1922（大正11）年には現在の星薬科大学の前身である星製薬商業学校を創設している。こうした会社の成長、社員教育の軌跡は、同社が発行した多くの絵葉書の中に見ることができる。ドーム屋根が特徴的な星製薬商業学校の本館は現在も残されている。

大崎広小路付近から見た
星製薬本社工場（昭和戦前期）

星製薬本社工場・星製薬商業学校
の空撮（昭和戦前期）

星製薬キニーネ工場（昭和戦前期）

星製薬商業学校全景・
グラウンド（昭和戦前期）

星製薬商業学校の遠景
（昭和戦前期）

星製薬本社工場屋上から見た
星製薬商業学校（昭和戦前期）

1904（明治37）年、荏原郡大崎村（現・品川区大崎）に設立された日蓮宗大学林は、3年後に日蓮宗大学となり、中等科なども設けられた。この時期の建物は、1916（大正5）年の火災で失われるが、新たな校舎が建てられて、1924（大正13）年には大学令による立正大学が設立された。現在、大学の品川キャンパスはこの大崎の地にあるが、附属中学校と高等学校は2013（平成25）年に大田区西馬込に移転している。

立正大学　中学校舎
（大正期～昭和戦前期）

日蓮宗大学　正門
（明治後期～大正期）

立正大学　校舎
（大正期～昭和戦前期）

日蓮宗大学林の学生たち
（明治後期）

立正大学　来賓室
（大正期〜昭和戦前期）

【立正大学付近（1954年）】
大崎広小路駅の南東にキャンパスを構えている立正大学付近の地図で、1954（昭和29）年の品川区詳細地図の部分である。東側に鎮座する居木（いるぎ）神社は、かつては目黒川に架かる居木橋（いるきばし）付近にあったが、江戸時代に現在地に遷座してきた。かつて、このあたりには居木橋村が存在し、1889（明治22）年に上大崎村、下大崎村などと合併して、大崎村（後に町）の一部となっている。

戸越銀座駅

所在地：品川区平塚２−16−１
開業：1927（昭和２）年８月28日
キロ程：1.4km（五反田起点）　ホーム：２面２線
乗降人員：18,018人（2022年）

このあたりには、池上線に「戸越銀座」、大井町線に「戸越公園」、都営浅草線に「戸越」という、「戸越」を駅名に含む３つの鉄道駅が存在している。その中で最も早く「戸越」を駅名に取り入れたのが戸越銀座駅で、1927（昭和２）年８月に開業している。戸越公園駅は1927（昭和２）年７月の開業ながら、当初の駅名は「蛇窪」であり、「戸越公園」に駅名を改称したのは1936（昭和11）年１月。戸越公園駅の所在地は品川区戸越５丁目である。一方、戸越銀座駅の所在地は品川区平塚２丁目で、「戸越」ではなく、「平塚」に存在している。では、なぜ、「戸越銀座」を名乗ったのかについて、少し考察したい。

ここに登場する「戸越」「品川」「平塚」の地名に、「荏原」という地名を加えると、おもしろい関係性が見えてくる。まず、現在の東京23区のひとつである品川区は、戦前にあった品川区と荏原区が合併して誕生した行政区であるが、戸越付近は荏原区の方に属していた。この荏原区の前身は東京府荏原郡荏原町で、荏原町は1927（昭和２）年までは平塚町を名乗っていた。1932（昭和７）年に荏原郡全体が東京市に編入されるが、荏原区になったのは荏原町だけであり、他の町村は大森、蒲田、目黒、世田谷、品川区に属することになった。

荏原町の前身である平塚町だが、その歴史をさかのぼれば、1889（明治22）年の町村制の施行により、戸越、下蛇窪、上蛇窪、小山、中延村といった諸村が合併して成立している。1926（大正15）年に町制を施行して平塚町となり、1927（昭和２）年の改称によって荏原町に変わっている。現在、「平塚」という住居表示は戸越銀座を中心とした平塚１〜３丁目という、かなり狭い範囲に限られているが、かつては旧荏原区全体が、平塚町（村）だったのである。

また、「戸越」であるが、もともとは「江戸越」という言葉（地名）があり、江戸（東京）から相模（神奈川）に至るルートに存在していたことが、地名の由来という説が存在する。つまり、ここを越えれば、相模国になった場所という意味での「えどごえ」から「とごえ」となり、やがて「とごし（戸越）」に変わったというのである。旧戸越村の鎮守だった戸越八幡神社には、地名の謂われについての古歌の石碑が残されている。一方、谷の多い地形から、「谷戸を越える」ことから「戸越」になったという説も存在している。

ここで、「戸越銀座」に戻ってみると、こうした歴史の中で、「戸越」＋「銀座」の地名（駅名）が生まれたのには、関東大震災直後の時期（昭和初期）であったことが大きく影響している。「赤レンガの街」として知られた銀座の街が、関東大震災により壊滅し、瓦礫となった不要のレンガの山を譲り受けたのが、この戸越の人々だった。彼らはリヤカーを引いて銀座までレンガの瓦礫を貰いに行き、水捌けの悪い戸越の商店街の通りに敷き詰めたことで、現在のような戸越銀座の商店街が誕生した。そこには、品川白煉瓦株式会社の創業者、西村勝三の提案があったという。銀座のレンガ瓦礫だけでなく、その名称も譲り受けて誕生したのが「戸越銀座」。これにより、戸越が日本の「○○銀座」の元祖となったのである。関東大震災（1923年９月）から約４年後の1927（昭和２）年８月、この商店街の北側に駅を開いた池上電気鉄道（現・東急池上線）は、賑わいを見せる新しい商店街の名前を駅名にした。以来、戸越銀座駅はその駅名を守り続けている。

戸越銀座商店街は、戸越銀座駅の南側、戸越銀座通りに延びる賑やかな商店街で、西側は中原街道から始まり、第二京浜（国道１号）を越えて、東側は西品川２丁目付近に延びている。全長約1.3キロという関東でも有数の長さを誇り、戸越銀座商栄会商店街（商栄会）、戸越銀座商店街（中央街）、戸越銀座銀六商店街（銀六会）の３つの商店街で構成されて、集まった商店の数は約400店となっている。2016（平成28）年には、電線を地下に移設する電線類地中化が行われた。

戸越銀座駅の構造は、相対式ホーム２面２線をもつ地上駅で、かつては構内踏切が存在した。現在も跨線橋、地下道は存在せず、改札口は上下線で別々となっている。2016（平成28）年12月、おしゃれな駅舎にリニューアルされている。

【戸越銀座商店街（昭和戦前期）】
大勢の人々で賑わいを見せている戸越銀座商店街の風景である。「あづきアイス」の広告が見えることから、夏の景色と思われる。左には、帽子を被った洋服の子供がいるが、大人には着物姿の者が多かった。

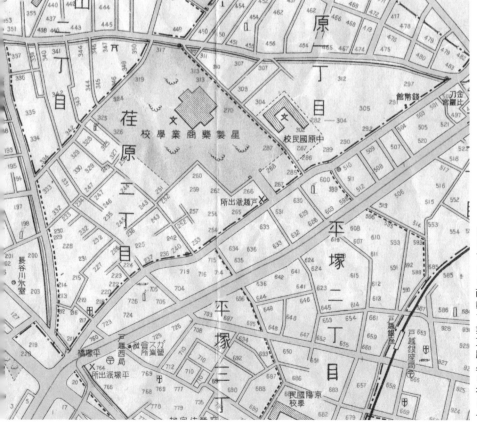

【戸越銀座駅付近（1941年）】
1941（昭和16）年に発行された荏原区詳細図から、戸越銀座駅、星製薬商業学校付近の部分を掲載している。この地図でわかるように星製薬商業学校の最寄り駅は、南東にある池上線の戸越銀座駅で、この駅は現在も星薬科大学の最寄り駅となっている。隣接して存在していた中原国民学校は現在、品川区立荏原第一中学校となっている。

戸越銀座駅周辺

（左ページ上）帝国陸軍参謀本部陸地測量部発行「1/10000地形図」
（左ページ下）帝国陸軍参謀本部陸地測量部発行「1/10000地形図」
（右ページ上）建設省地理調査所発行「1/10000地形図」
（右ページ下）建設省国土地理院発行「1/10000地形図」

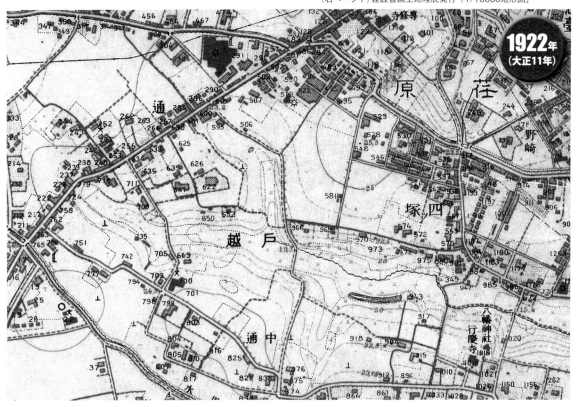

1922年
（大正11年）

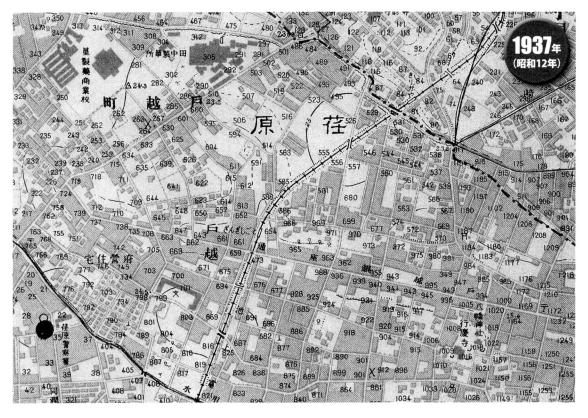

1937年
（昭和12年）

戸越銀座駅周辺では、まず五反田方面と中原街道をはじめとする主要な道路沿いに家屋が誕生していた。その後、池上電気鉄道（現・東急池上線）が開通し、桐ヶ谷駅（後に廃駅）や戸越銀座駅が開業すると、この地域全般の開発が進み、東西に続く戸越銀座商店街の誕生も発展を促す大きな要素となった。さらに第二京浜（現・国道１号）が開通し、交通の利便性も増していく。現在は戸越銀座駅近くに都営地下鉄浅草線の戸越駅も開業している。

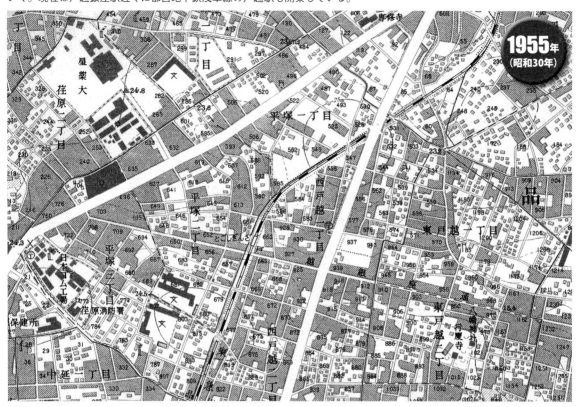

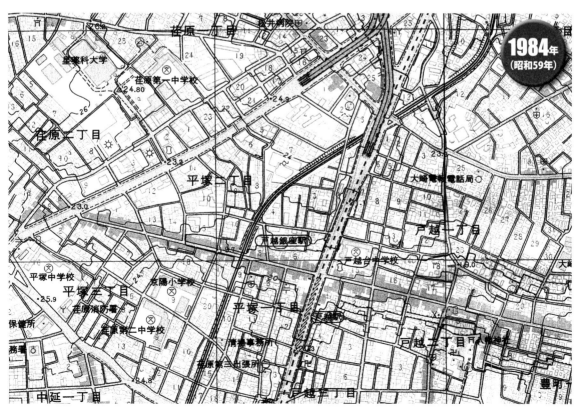

グッドデザイン賞を受賞した、現在の駅舎になる前に存在していた戸越銀座駅の旧駅舎。人気の商店街に程近く、下町の駅らしい雰囲気を漂わせていた。駅の構造は相対式ホーム2面2線と変わらないが、現在は上下線で屋根の構造が変えられている。ホーム間の連絡通路は設けられていない。
◎戸越銀座
1961（昭和36）年11月24日
撮影：荻原二郎

伝言板がなつかしい、地上駅だった頃の荏原中延駅の駅風景である。当然のように有人改札があり、駅舎は相対式ホーム2面2線の構造で、構内踏切が設けられていた。この後、1989（平成元）年に相対式ホーム2面2線の地下駅に変わり、地上には近代的な駅舎が誕生している。
◎荏原中延
1973（昭和48）年
撮影：山田虎雄

まだワンマン化の前。車掌が乗っている。3300形の乗務員室は、もとは半室だったが全室になった。撮影された当時、池上線は3300形だけが前面がフラットなので識別できた。
◎旗の台
1975（昭和50）年3月8日
撮影：矢崎康雄

先頭がクハ3850形クハ3860、後ろ2両はデハ3400形。クハ3850形は1952〜1953年に17両が製造された。クハ3850〜3854が川崎車輌製で台車がOK-6、クハ3855〜3866が東急横浜製作所（1953年に東急車輌製造に改称）製で台車がYS-T1と異なっていた。1973（昭和48）年からの車体更新で窓の上下が大きく、屋根は張り上げに、前照灯はシールドビーム2灯になった。また5両がサハ3370形へ改造された。クハ3856は最後まで残った車である。
◎旗の台
1975（昭和50）年3月8日
撮影：矢崎康雄

五反田方面行上りの荷物電車デワ3042。1969（昭和44）年、デハ3204の中央扉を広げ、リベットを無くすなどの改造がなされた。1981（昭和56）年に廃車になった。一般に荷物電車はデニとなるが東急では電動貨車の記号デワを冠している。東急の荷物電車の運行は1982年まで行われていた。
◎旗の台
1970（昭和45）年11月26日
撮影：荻原二郎

デハ3400形3403 蒲田行。1928（昭和3）年生まれ、撮影時点で車齢は40年を越えていた。デハ3400形はもと目黒蒲田電鉄の500形で製造されたのは501〜505の5両だけだった。こどもの国線用になった3405を除く4両は最後まで池上線にいた。
◎旗の台
1970（昭和45）年11月26日
撮影：荻原二郎

クハ3772先頭の下り電車。クハ3770形は国鉄の戦災車を応急復旧したもの。1960年ごろから車体更新された。クハ3670形も同じ車体。両者の違いは3670形が600V用、3770形が1500V用としていたが昇圧後は違いがなくなってしまった。
◎旗の台
1970（昭和45）年7月16日
撮影：荻原二郎

大井町線をアンダークロスする蒲田行。デハ3550形のデハ3551と3552は戦災復旧車クハ3223，3224を1953（昭和28）年に当時の最新型クハ3850形と同じ車体を新製、電動車にしたもの。デビュー当時、外観は新しいものに見えたようだが性能はデハ3150形と同じであった。
◎旗の台
1970（昭和45）年7月16日
撮影：荻原二郎

改装前、三角屋根の駅舎だった頃の旗の台駅の駅前、傘を差して通学する女子高校生が見える雨の日の風景である。北口改札前にあった踏切は、2005（平成17）年に廃止されて、地下道に変わっている。2019（令和元）年には、ウッドデザインのホームに変わる「木になるリニューアル」が実施された。
◎旗の台
1961（昭和36）年9月7日
撮影：荻原二郎

こちらは横に長い屋根をもつ駅舎だった頃の旗の台駅で、南口の駅前には広い空間があった。香蘭女学校や文教大学附属中学校・高等学校などの最寄り駅となってきたため、セーラー服姿の女子中高生の姿がたくさん見られる駅であり、ここでも数名の生徒の姿がある。◎旗の台　1961（昭和36）年９月７日　撮影：荻原二郎

五反田行の上り電車。蒲田寄はデハ3151、中間はサハ3100形のMTM編成。デハ3150形は目黒蒲田電鉄モハ200形として1927年（昭和２）年に川崎造船所で製造された。数多いリベット、深い屋根、一段下降窓で鈍重な昭和初期のスタイルで同じタイプが阪急、豊川鉄道、長野電鉄などにも納入された。
◎旗の台　1964（昭和39）年６月23日　撮影：荻原二郎

荏原中延駅

所在地：品川区中延2−8−1
開業：1927（昭和2）年8月28日
キロ程：2.1km（五反田起点）　ホーム：2面2線
乗降人員：11,760人（2022年）

　この池上線の駅は「荏原中延」の名称だが、南側を走る同じ東急の大井町線には中延駅、荏原町駅が存在している。こちらの2駅は戦前、荏原郡荏原町だった時代に大字「中延」があり、そのときに目黒蒲田電鉄が開業させている。池上電気鉄道（現・池上線）よりも先に、目黒蒲田電鉄が開通したことで、後発の池上線の駅は「荏原中延」となった。

　戸越銀座駅のページで少し解説した「荏原町」だが、ここではさらに大きな「荏原郡」について説明してみる。荏原郡は、古代から武蔵国に存在した郡のひとつで、現在の東京都から神奈川県にかけての広い範囲に及んでいた。明治維新後の1878（明治11）年、北品川宿に郡役所を置く行政区画の荏原郡が成立。1889（明治22）年の町村制の施行では、品川町、大井村、大崎村、目黒村、碑衾村、平塚村（後の荏原町）、大森村、入新井村、調布村、池上村、馬込村、羽田村、蒲田村、六郷村、矢口村、駒沢村、世田ヶ谷村、玉川村、松沢村の1町18村から構成される荏原郡となった。これらの町や村を含む郡全域は、1932（昭和7）年に東京市に編入され、品川区、荏原区（旧荏原町）、目黒区、大森区、蒲田区、世田谷区となったのである。このうち、平塚村については、平塚村→平塚町→荏原町→荏原区と単独で変わったのは、戸越銀座駅のページで触れた通りである。

　「中延」は、荏原郡の中延郷であり、江戸時代に中延村となり、1889（明治22）年に平塚村の大字となった。地名の由来は不明だが、「なかのぶ」と呼ばれたこともあり、荏原郡など何らかの地域の中央にあることを示していたと思われる。1932（昭和7）年に誕生した荏原区では、区庁舎が同区中延町に置かれていた。現在の品川区には、中延1〜6丁目とともに、西中延1〜3丁目、東中延1・2丁目が存在する。荏原中延駅の所在地は中延2丁目。駅の構造は相対式ホーム2面2線を有する地下駅で、1989（平成元）年3月に地下駅となっている。

　荏原中延駅の北西（中延2丁目）には、つい最近まで、戦前に建てられた同潤会荏原普通住宅が残されていた。関東大震災後に設立された財団法人の同潤会は、表参道や代官山に建てた集合住宅（同潤会アパート）が有名だが、同時期に東京都内など

で、分譲も含む各種の住宅も建設している。そのうち、この中延・東中延周辺に建てられたのは、賃貸形式の荏原普通住宅で、放射状に広がる住宅地の西側には、後に中延国民学校（現・品川区立中延小学校）も開校している。この住宅地は戦災の被害を受けて、戦後に区画整理がなされたことで、戦後には中延小学校の東側に品川区荏原支所が置かれ、1970（昭和45）年には図書館、温水プールや大ホールなどを備えた荏原文化センターが誕生している。また、焼け残った一部には木造長屋が残り、建物は老朽化していった中、平成末から令和初年にかけて、東京都都市整備局による、中延二丁目旧同潤会地区防災街区整備事業が実施されて、街が生まれ変わった。中延小学校の南には2017（平成29）年、13階建てのマンション「アトラス品川中延」が建てられている。

　この北側には、神奈川県道・東京都2号線（中原街道）と都道420号鮫洲大山線が交わる平塚橋交差点が存在しているが、戦前にはここに荏原区役所が存在し、周囲に荏原警察署などが置かれる旧荏原区の行政・文化の中心地だった。荏原区役所の東側には東京府営住宅地が設けられ、交差点の北側には2つの演舞場も存在した。現在は、品川区立平塚小学校と荏原平塚中学校が統合された小中一貫校「荏原平塚学園」が存在し、南東には荏原警察署、荏原税務署がある。

　ここでは、池上線とともに南下してきた駅東側を走る第二京浜（国道1号）についても触れておこう。現在の国道1号（第二京浜）は、明治以来の国道1号だった第一京浜（現・国道15号）のバイパスとして、1927（昭和2）年に東京市の放射1号として計画されたのがスタートである。1934（昭和9）年に新京浜国道としての建設が決定されて、1936（昭和11）年に工事が始まり、太平洋戦争を挟んだ後の1958（昭和33）年に全通した道路である。東京側の始点は西五反田で、横浜側の終点は青木町である。1952（昭和27）年の新国道法により、国道1号に指定された。1957（昭和32）年、歌手のフランク永井が歌った「夜霧の第二国道」がヒットしたことにより、翌年（1958年）には小林旭が主演した日活映画「夜霧の第二國道」が公開されている。

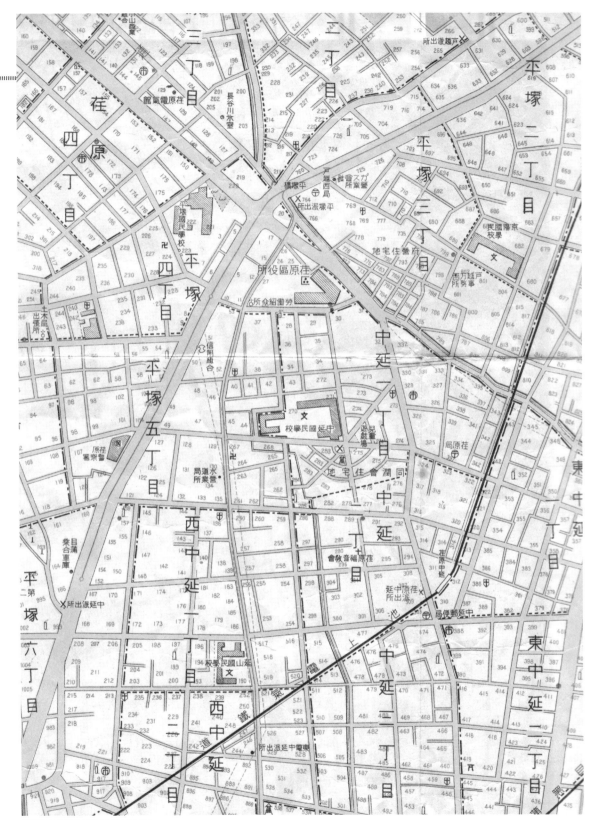

【荏原中延駅付近（1941年）】
戦前、荏原区役所が置かれていた荏原中延駅の北西部分の地図である。北側に見える平塚橋付近は、この荏原区内では繁華な場所であり、演舞場なども存在していた。一方、南側には同潤会が建設した荏原普通住宅が存在し、中延国民学校（現・品川区立中延小学校）が開校していた。また、区役所の東側には東京府営住宅地も存在していた。

荏原中延駅周辺

（左ページ上）帝国陸軍参謀本部陸地測量部発行「1/10000地形図」
（左ページ下）帝国陸軍参謀本部陸地測量部発行「1/10000地形図」
（右ページ上）建設省地理調査所発行「1/10000地形図」
（右ページ下）建設省国土地理院発行「1/10000地形図」

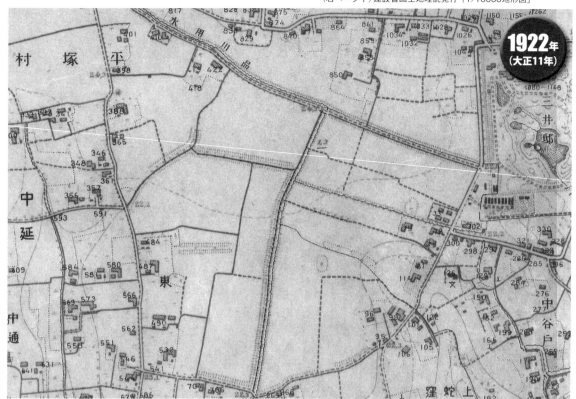

1922年
（大正11年）

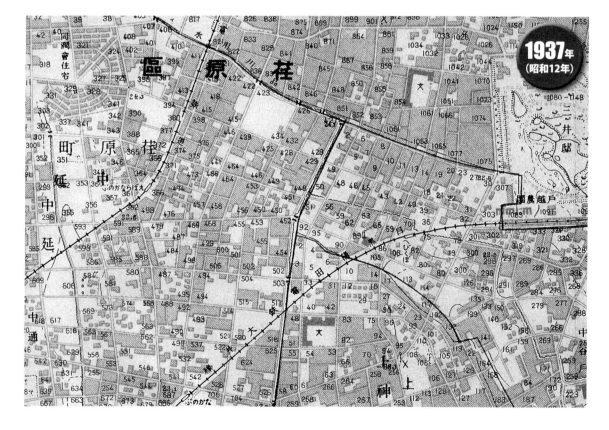

1937年
（昭和12年）

最初の地図では、荏原郡平塚村だった時代には、小さな集落が点在するだけの地域だったことが示されている。しかし、池上電気鉄道（現・東急池上線）の荏原中延駅が開業し、東京市に編入されて荏原区が誕生すると、このあたりは荏原区の中心地として発展してゆく。南側には、目黒蒲田電鉄（現・東急）大井町線が開通し、蛇窪駅が開業する。その後、広大な敷地があった三井邸が戸越公園に変わると、この駅は戸越公園駅に改称された。

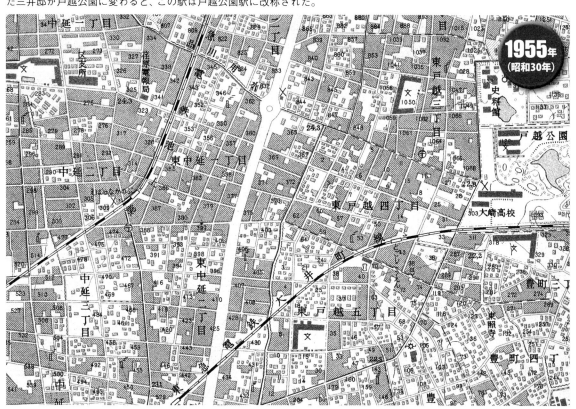

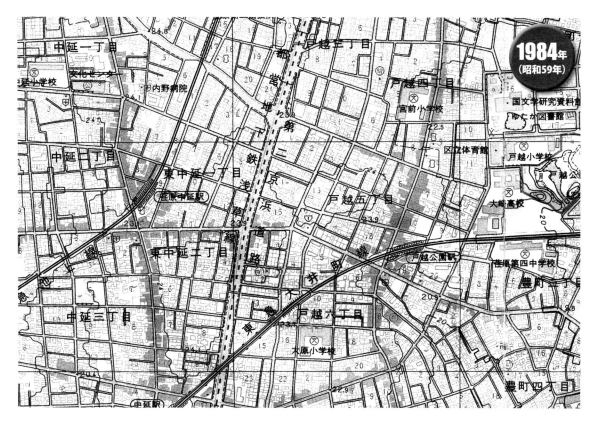

旗の台駅

所在地：品川区旗の台2－13－1
開業：1927（昭和2）年8月28日
キロ程：3.1km（五反田起点）　ホーム：2面2線
乗降人員：11,578人（2021年）

　池上線の旗の台駅は、1927（昭和2）年8月に「旗ヶ岡」の駅名で開業している。このとき、池上電気鉄道の雪ヶ谷（現・雪ヶ谷大塚）～桐ヶ谷（後に廃駅）間が延伸し、中間駅として設置された。当時、目黒蒲田電鉄の大井町線には東洗足駅が存在していた。1934（昭和9）年10月に目黒蒲田電鉄（東京横浜電鉄）と池上電鉄が合併した後も、2つの駅は共存してきたが、旗ヶ岡駅は1945（昭和20）年5月に空襲で焼失した。1951（昭和26）年3月、東洗足駅を現在地に移転して、旗の台駅と改称し、同年5月に旗ヶ岡駅が合併して、池上線、大井町線の接続駅となった。現在の駅の所在地は品川区旗の台2丁目である。駅の構造は、池上線は相対式ホーム2面2線、大井町線は島式ホーム2面4線であり、斜面に位置しているため、大井町線の大井町方面が高架となり、池上線は蒲田方面で大井町線の下をくぐる形になっている。

　駅の合併、改称により、消えてしまった駅名の「旗ヶ岡」だが、その歴史は古く、現在もその名を守っている場所がある。それは駅の東側、大井町線の荏原町駅の北側に鎮座する旗岡八幡神社で、平安時代の1030（長元3）年創建とされる古社である。河内源氏の祖、源頼信が平忠常の乱を平定する際、この地に八幡大神を祀り、戦勝を祈願したと伝えられている。その後、鎌倉時代に荏原義宗が社殿を建てた。その後、隣接して別当寺の法蓮寺が開山された。江戸時代には中延八幡宮とも呼ばれ、二代将軍徳川秀忠の祈願所にもなっていた。古い社殿は太平洋戦争の戦災で焼失し、1964（昭和39）年に現在の社殿が再建されている。なお、神社の所在地付近は「旗ヶ岡」だったが、1965（昭和40）年の住居表示で、「旗の台」に変更されている。

　戦前（1933・昭和8年）の品川・荏原区詳細図によると、駅の北西には伊藤邸、少し離れて鏑木邸が存在している。しかし、1941（昭和16）年の地図では、鏑木邸は見えるものの、伊藤邸はすっかりと香蘭女学校に変わっている。香蘭女学校は1888（明治21）年に麻布区永坂で開校し、白金三光町の校舎をへて、1941（昭和16）年に平塚3丁目（現・旗の台）に移転してきた。一時、香蘭中学校・高等学校に改称したことがあったが、現在は元に戻り、日本では珍しい女学校を名乗る存在となっている。主な卒業生には、ジャーナリストの兼高かおる、女優・司会者の黒柳徹子、歌手のカルメン・マキらがいる。

　香蘭女学校以前にここにあった伊藤邸は、日本鋼管の設立にかかわった実業家、伊藤幸次郎の邸宅であり、その屋敷はさいかち坂の「四百百荘」と呼ばれていた。ここには「寸心庵」という茶室があり、戦災で失われたが、土地を引き継いだ香蘭女学校は現在、似た構造の茶室「芝蘭庵」を設けている。また、邸内には1926（大正15）年頃に開園した洗足幼稚園があり、この幼稚園は1941年の地図でも確認できる、日本基督教団洗足教会の棟居（むねすえ）喜九馬牧師が建てている。

　一方、鏑木邸は、第二延山小学校と隣り合わせであり、その南には昭和医学専門学校、附属病院が存在していた。昭和医学専門学校は1928（昭和3）年、当時の荏原町大字中延で開校し、同時に付属病院を置いた。戦後に昭和医科大学となって、1964（昭和39）年に昭和大学に改称するが、その間にキャンパスを拡大して、鏑木邸があった場所を、昭和大学旗の台キャンパスとしている。また、この旗の台キャンパスのほか、洗足や富士吉田、横浜にもキャンパスが存在している。卒業生には、精神科医でエッセイストとしても活動した斎藤茂太、女優の一青妙（歌手・歯科医師、一青窈の姉）らがいる。

　また、旗の台駅の東側には、文教大学付属中学校・高等学校があるが、ここも戦前に誕生した女学校をルーツとしている。1927（昭和2）年、この地に立正幼稚園、立正裁縫女学校が設立され、戦後に立正学園中学校、高等学校、女子短期大学が開設され、1966（昭和41）年には、埼玉・越谷に立正女子大学が開学した。1976（昭和51）年、立正女子大学が共学化されて、文教大学と校名を改称したことで、同大学の付属となった。この中学校・高等学校も1998（平成10）年に共学化されている。

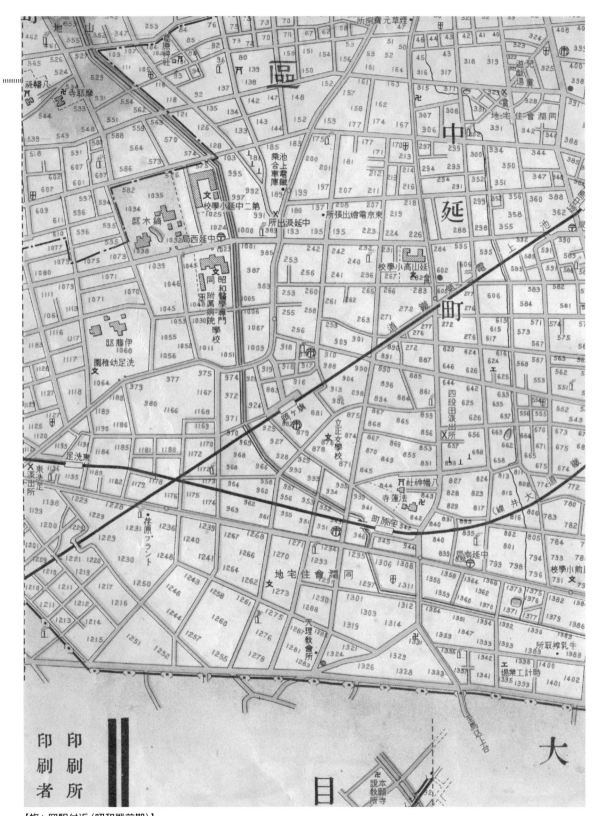

【旗ヶ岡駅付近（昭和戦前期）】
池上線に旗ヶ岡駅、大井町線に東洗足駅が置かれていた時代の地図である。駅の北西には、鏑木邸、伊藤幸次郎邸などが存在したが、伊藤邸はその後に売却されて、1941（昭和16）年に香蘭女学校に変わる。伊藤邸内あった洗足幼稚園は、付近にある洗足教会の牧師が経営する幼稚園で、売却後もそのまま存在していた。この付近にあった昭和医学専門学校は、現在の昭和大学のルーツである。

旗の台駅周辺

（左ページ上）帝国陸軍参謀本部陸地測量部発行「1/10000地形図」
（左ページ下）帝国陸軍参謀本部陸地測量部発行「1/10000地形図」
（右ページ上）建設省地理調査所発行「1/10000地形図」
（右ページ下）建設省国土地理院発行「1/10000地形図」

1922年（大正11年）

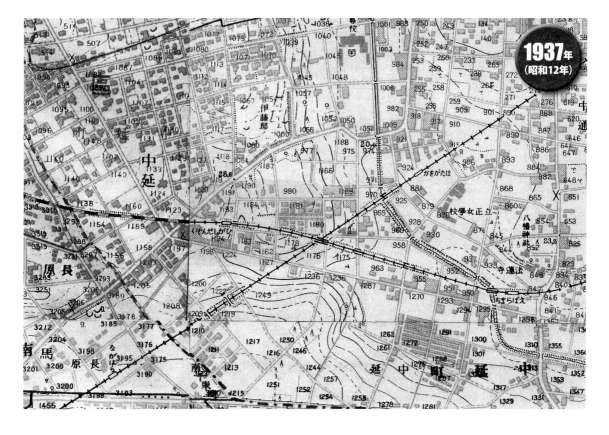

1937年（昭和12年）

現在の旗の台駅付近における街の変化では、中原街道が拡幅・整備されて、曲がり方がゆるやかになっていく。鉄道路線としては、ほぼ同じころに池上電気鉄道の旗ケ岡駅、目黒蒲田電鉄大井町線の東洗足駅が開業している。この２つの駅はかなり離れていたが、両社が合併して現在の東急に変わると、移転・統合されて、交差している場所に旗の台駅が開業する。駅北側にあった伊藤邸は、香蘭女学校に変わっている。

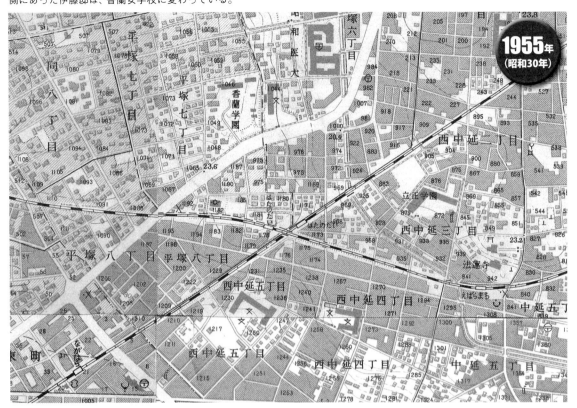

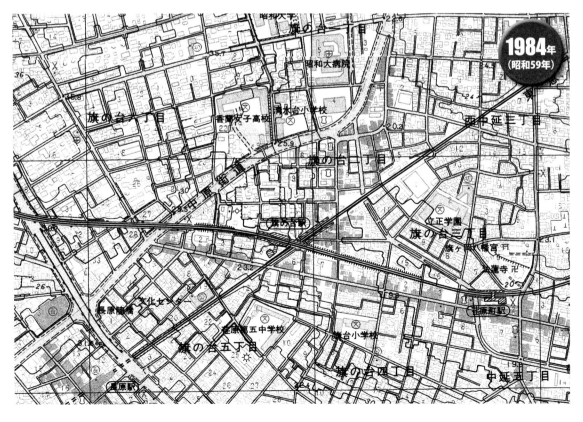

現在の旗の台駅の北側にあった実業家、伊藤幸次郎の別荘だった「四百百荘」と付近にあった洗足教会の絵葉書である。「四百百荘」には1918（大正7）年に竣工した洋館とともに茶室「寸心庵」や観聲堂などの建物があった。伊藤の死後、ここは財団法人の所有となり、1937（昭和12）年に香蘭女学校が買い取って、1941（昭和16）年に移転することとなった。なお、別荘の敷地には、洗足教会の棟居喜九馬牧師が建てた洗足幼稚園が存在していた。

洗足教会（昭和戦前期）

四百百荘の観聲堂
（昭和戦前期）

四百百荘寸心庵（昭和戦前期）

香蘭女学校はキリスト教日
本聖公会系のミッションス
クールで、1888（明治21）年
に当時の麻布区永坂で創立
されている。太平洋戦争が
勃発する直前の1941（昭和
16）年3月、当時の荏原区平
塚（現・旗の台6丁目）に移っ
てきたが、この3枚はその頃
に新校舎、グラウンドを撮影
した絵葉書である。

香蘭女学校の普通教室
（昭和戦前期）

香蘭女学校の特別教室
（昭和戦前期）

香蘭女学校の校庭
（昭和戦前期）

沿線火災のため旗の台で折り返し運転を
した珍しい場面。旗の台駅の上り方にあ
る渡り線で折り返し下り線に入る先頭クハ
3673の編成。デハ3600形やクハ3670形
など元国鉄戦災復旧車は更新して車体幅
を地方鉄道の基準に狭め池上線や目蒲線
などに入線ができるようになった。
◎旗の台
1970（昭和45）年12月26日
撮影：荻原二郎

上りホーム。五反田行デハ3300形3304
がモータ音を響かせ軽い足取りで出てい
く。構内踏切の遮断機が上がる。待って
いた下り電車に乗る乗客が足早に踏切を
渡っていく。いつもの風景だった。
◎旗の台
1975（昭和50）年3月8日
撮影：矢崎康雄

長原駅

所在地：大田区上池台1−10−10
開業：1927（昭和2）年8月28日
キロ程：3.7km（五反田起点）　ホーム：2面2線
乗降人員：13,971人（2022年）

　始発駅である五反田駅を出てから、品川区内を南西に進んできた池上線は、環状七号線（都道318号）を越えて、大田区に入る。両区の境界線は、環状七号線のやや東側に沿って存在しており、長原駅は品川区と大田区の境界付近に位置している。この長原駅は1927（昭和2）年8月、池上電気鉄道の時代に開業している。当時は荏原郡馬込村（後に馬込町）長原で、字名がそのまま駅名になった形である。

　戦前の大森区時代の地図を見ると、駅の所在地は南千束町であり、この南千束町は駅北西に広がり、駅の南側には上池上町が広がっている。現在の駅の所在地は、大田区上池台1丁目であるから、戦後に大森区から大田区に変わって、駅所在地が「南千束」から「上池台」に変わったことになる。即ち、駅付近を含む「南千束」の一部が、南側一帯の「上池上」と一緒になって、1968（昭和43）年の住居表示の際、現在の「上池台」1〜5丁目が誕生したことになる。一方、「馬込」という地名（村名）は、現在は「馬込文士村」が有名で、都営地下鉄浅草線の西馬込駅がある西馬込、南馬込一帯のイメージが強い。しかし、戦前には地下鉄浅草線は存在せず、意外にも馬込町内の鉄道駅はこの長原駅だけだった。現在の長原駅の構造は、相対式ホーム2面2線の地下駅だが、1968（昭和43）年6月に地下ホームに変わる前は、相対式ホーム2面2線を有する地上駅で、構内踏切があった。

　戦前の地図を見ると、駅のすぐ南東に池上給水所が存在していたことがわかる。現在ここは東京都水道局の上池台給水所となっており、南側に小池稲荷神社が存在している。戦前から現在にかけて、この長原駅付近で目立つのは、駅の南側にある「小池」の存在であり、この「小池」を冠した施設なども多い。この池は、「大池」と呼ばれた洗足池に対する「小池」で、地下水がわき出る場所であり、かつては農地の灌漑用にも利用されていた。1934（昭和9）年には釣り堀が誕生し、ヘラブナ釣りの太公望たちに親しまれていたものの、釣り堀は2004（平成16）年に営業を終えている。現在はサクラの大木や藤棚があり、野鳥も訪れる親水公園として地元民に親しまれている。南西には大田区立小池小学校があるが、かつては給水所の北側に小池幼稚園も存在していた。

　さて、駅の北側には、中原街道が環状七号線と交差する南千束交差点が存在している。ここで、池上線に寄り添うに走ってきた中原街道について少し説明をしておこう。中原街道は相模国（神奈川県）と武蔵国（東京都）を結ぶ古道であり、丸子の渡しを経由して江戸に入っていた。江戸時代には、江戸・虎の門と平塚・中原を結ぶ、東海道の脇街道となり、将軍が鷹狩りなどで利用する中原御殿の存在から、中原街道と呼ばれるようになった。現在は、国道1号（桜田通り）から東京都道・神奈川県道2号東京丸子横浜線となり、神奈川県道45号丸子中山茅ヶ崎線と続いてゆく。都内では港区、品川区、大田区を走り、丸子橋を渡ると、神奈川県に入り、川崎市中原区内を走ることとなる。

もともと釣り堀だった溜め池を、2009（平成21）年に大田区が親水公園として整備した小池公園。多くの野鳥などが飛来する。

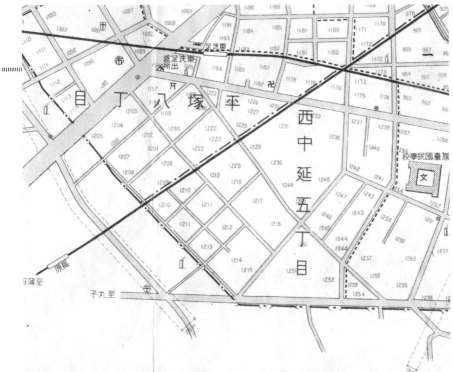

【長原駅付近（1941年）】
大森区と荏原区の境界付近に置かれていた池上線の長原駅。これは荏原区側の地図である。この時期には大井町線に東洗足駅が存在していたが、この後、池上線の旗ヶ岡駅と統合されて、両線が交差する場所に旗の台駅が開業する。池上線の東側に見える旗台国民学校は、現在の品川区立旗台小学校である。現在はこの西側に品川区立荏原第五小学校が開校している。

【長原駅付近（1936年頃）】
大森区と荏原区の境界付近に置かれていた池上線の長原駅。付近に環状七号線が走っており、すぐ北側に中原街道との交差点が存在している。駅の西側には、「大池」と呼ばれる行楽地「洗足池」があり、南側には現在、公園として整備されている「小池」が存在している。右側に見える「馬込町西四丁目」の一部は現在、北馬込１丁目に変わっている。

長原駅周辺

（左ページ上）帝国陸軍参謀本部陸地測量部発行「1/10000地形図」
（左ページ下）帝国陸軍参謀本部陸地測量部発行「1/10000地形図」
（右ページ上）建設省地理調査所発行「1/10000地形図」
（右ページ下）建設省国土地理院発行「1/10000地形図」

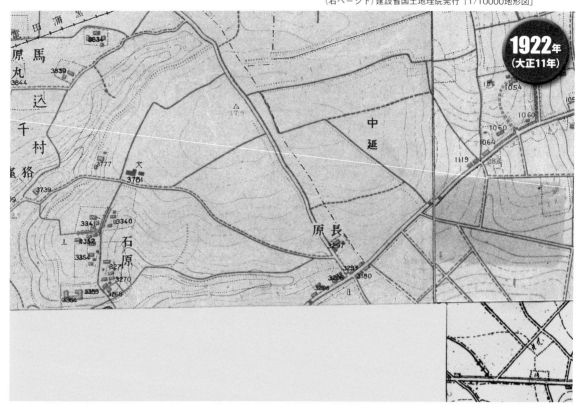

1922年
（大正11年）

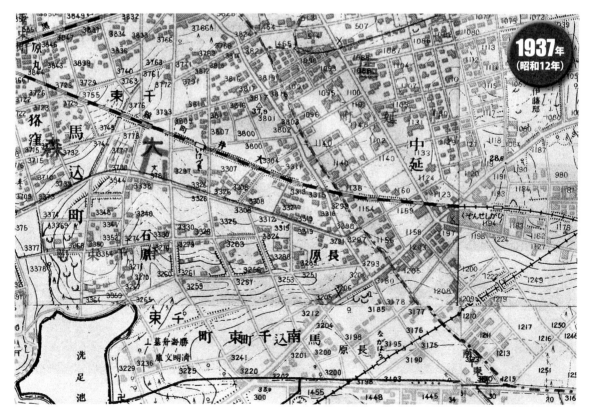

1937年
（昭和12年）

平塚村にあった「中延」と馬込村にあった「長原」の境界付近には、池上電気鉄道（現・東急池上線）の長原駅が開業する。その後、1932（昭和7）年に東京市に編入されると、前者は荏原区中延町、後者は大森区南千束町と変わった。一方、北側を走る目黒蒲田電鉄（現・東急）大井町線には、開業の翌年（1928年）に池月駅が置かれていたが、一時は「洗足公園」駅となり、1936（昭和11）年に現在の駅名「北千束」に改称している。

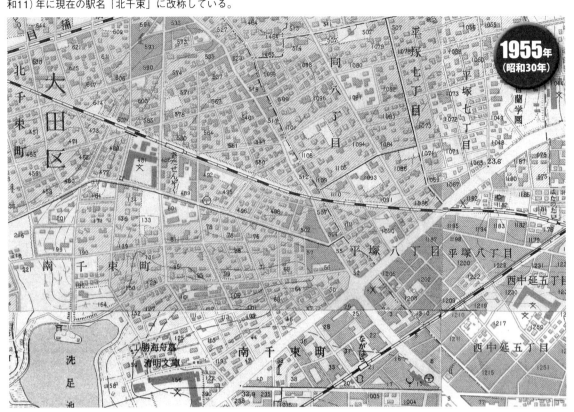

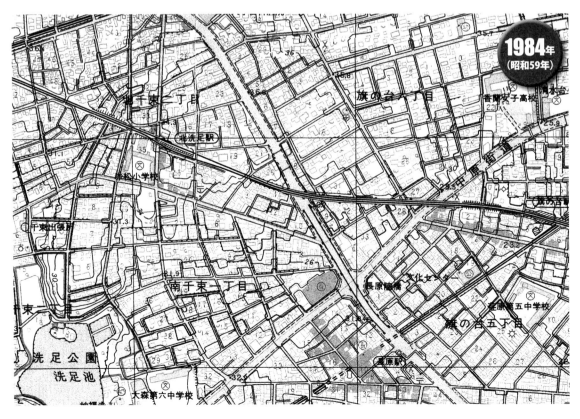

洗足池駅

所在地：大田区東雪谷1-1-6
開業：1927(昭和2)年8月28日
キロ程：4.3km（五反田起点）　ホーム：2面2線
乗降人員：15,871人(2022年)

　池上線において、本門寺と並ぶ名所である洗足池。そのままに駅名としている洗足池駅は、1927（昭和2）年8月、池上電気鉄道の雪ヶ谷（現・雪ヶ谷大塚）〜桐ヶ谷（後に廃駅）間の延伸時に開業している。現在の駅の所在地は大田区東雪谷1丁目で、この「東雪谷」は駅の南西、石川台駅方面に広がっており、その北東端に位置している。一方、東側は「上池台」になっており、駅の北側にある洗足池周辺は「南千束」となっている。洗足池駅の構造は、相対式ホーム2面2線を有する高架駅となっている。

　まず、洗足池の歴史を振り返ると、古くは「大池」と呼ばれ、湧水を水源とすることもあって、このあたりの農地に灌漑用の水を供給していた。名称の由来としては、一帯で収穫できる稲の税に関係する「千束」という言葉から、「千束池」と呼ばれるようになったとされる（諸説あり）。また、鎌倉時代に旅の途中だった日蓮が足を洗ったという伝説から、「洗足池」という呼び名も生まれている。江戸時代、この池付近の土地は馬込村千束という、馬込村の飛び地だった。しかし、1889（明治22）年の市町村制施行の前後に、池の南東の土地との交換が行われ、池付近は池上村の所属に変わることとなる。その後、荏原郡の馬込町と池上町になり、1930（昭和5）年に馬込町には大字「北千束」「南千束」が誕生する。1932（昭和7）年に馬込町、池上町が東京市に編入されると、池の周辺の大部分は大森区の「南千束町」となった。このとき、池上町の大字道々橋字千束だった南東の地域は「池上洗足町」となった。1933（昭和8）年には、住民から寄贈された土地を所有する社団法人洗足風致協会が設立されて、池の管理などを行うようになった。1964（昭和39）年には都立洗足公園が開園。1990（平成2）年に東京都から大田区に移管、譲渡されるとともに、洗足風致協会から寄付が行われて、大田区立洗足池公園となっている。

　こうした複雑な経緯の中で、1927（昭和2）年に池上電気鉄道の洗足池駅が誕生したことなどから、池の名称としては「洗足池」の名が定着するようになった。また、大田区北千束2丁目に置かれている大井町線の北千束駅は、1928（昭和3）年10月の開業時には池月駅と名乗っていたが、1930（昭和5）年5月に洗足公園駅に改称している。その後、大井町線と池上線が同じ鉄道会社の所属となったことから、1936（昭和11）年1月に現在の駅名「北千束」となっている。一方、目黒区には現在、「洗足」の住居表示が存在している。このこともこのあたりの広い地域で、「千束」と「洗足」の地名が併存してきたことを物語っている。

　さて、現在は洗足池公園となっている池の周辺には、さまざまな名所旧跡が残されている。西側の池畔にある千束八幡神社は、860（貞観2）年の創建と伝わる古社で、千束郷の総鎮守として崇敬されてきた。ここは池上氏の祖となった池上宗仲にゆかりがあり、源頼朝が戦勝祈願したことから、「旗揚げ八幡」とも呼ばれるようになった。頼朝との関係では、「磨墨」と並ぶ頼朝の愛馬で、後に宇治川合戦で有名になる名馬の「池月」は、洗足池の池畔に現れた野馬といわれ、池畔にはこの馬の銅像が建てられている。池の東岸には日蓮宗の寺院である星頂山妙福寺、御松庵が存在する。祖師堂（旧七面大明神堂）は国の登録有形文化財となっており、歌川広重が「名所江戸百景　千束の池袈裟懸松」に描いた日蓮袈裟掛松は現在3代目だが、日蓮伝説の残る木として知られている。なお、妙福寺は関東大震災後の1927（昭和2）年に浅草から移転し、御松庵と合併している。また、戦前には池畔に立正大師（日蓮）の銅像も存在していた。これは1922（大正11）年、日蓮が大正天皇から「立正大師」の号を受けたことを記念して、翌年（1923年）に建てられてもので、作者は彫刻家の高村光雲である。この像は現在、鎌倉の長勝寺に移されている。

　さらに、現在は勝海舟記念館の存在があるが、ここは晩年の勝海舟が別荘を構えた地である。池畔には勝夫妻の墓が建てられており、石塔の文字は徳川慶喜が揮毫している。1891（明治24）年に勝が建てた別荘「洗足軒」は、戦災で焼失したが、その隣にできた財団法人清明文庫の「鳳凰閣」は、2012（平成24）年に大田区の所有となり、2019（平成31）年に大田区立勝海舟記念館としてオープンしている。また、勝と本門寺で会談を行った西郷隆盛の留魂祠も残されている。

　この洗足池周辺は、1932（昭和7）年に東京市域拡張記念として制定された「大東京八名所」のひとつとなり、手軽に行ける東京郊外の観光地とし

て脚光を浴びるようになった。勝海舟の墓や妙福寺がある東側には、遊園地「チンカラ園」が誕生していたが、何といっても人気を集めたのは豊かな水の恵みを生かした、ボート遊びだった。1930（昭和5）年の「洗足池貸ボート水上倶楽部」のマッチ広告には、朝8時から夜11時まで営業していることが示されている。この頃の絵葉書などには、水面で遊ぶ人々や池畔に並ぶ多数のボートを見ることができる。この遊園地には大すべり台、劇場、遊戯場、料亭などの設備があった。また、戦前には洗足池駅の南西において、和洋の室数20あまりの洗足ホテルが営業を行っていた。このホテルでは室料と食事が別々のシステムであり、洋食・和食が食堂または室内でとることができた。このほか、池の北側に浮かぶ小島には弁天島厳島神社が鎮座している。また、現在は、大田区で水生植物園の整備も行っている。

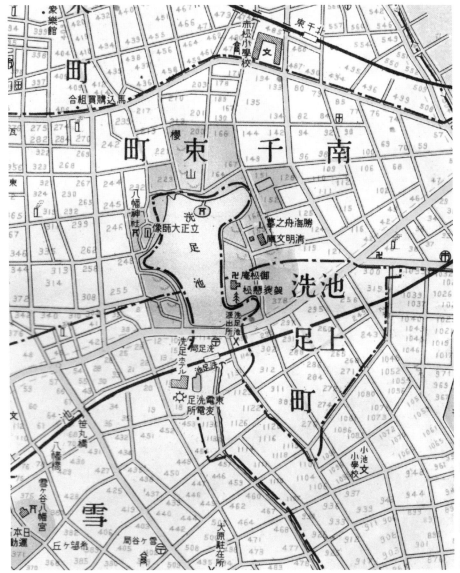

【洗足池駅付近（1936年頃）】
公園地として整備されつつあった頃の洗足池周辺を含む、洗足池駅付近の地図である。駅の南西には、行楽地にふさわしい洗足ホテルが誕生している。南側には東電洗足変電所が置かれていた。池の東側には勝海舟之墓、清明文庫、御松庵、袈裟懸松の文字が見え、西側には千束八幡神社（洗足池八幡宮）、立正大師像が存在していた。

洗足池駅周辺

（左ページ上）帝国陸軍参謀本部陸地測量部発行「1/10000地形図」
（左ページ下）帝国陸軍参謀本部陸地測量部発行「1/10000地形図」
（右ページ上）建設省地理調査所発行「1/10000地形図」
（右ページ下）建設省国土地理院発行「1/10000地形図」

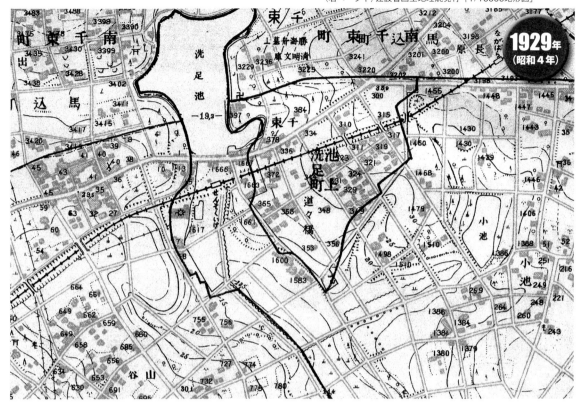

1929年（昭和4年）

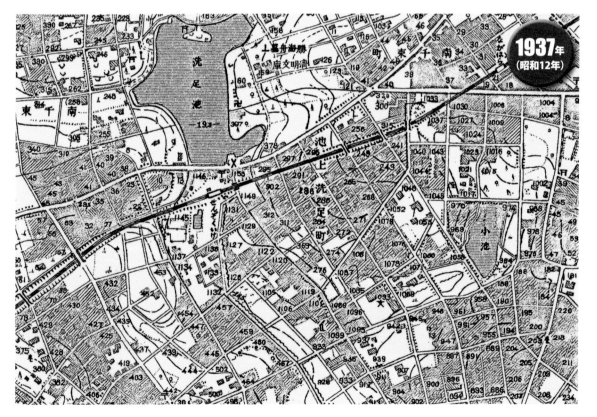

1937年（昭和12年）

これらの地図では中原街道を挟んで、北側に洗足池（大池）、南側に小池が見える。どちらも川とつながっておらず、湧水を水源として、このあたりの潅漑用水として利用されてきた。こうした湧水の「池」ときれいな「水」の存在から、「池上」や「洗足」の地名が生まれたことは容易に想像できる。歴史の舞台の中で、日蓮や勝海舟、西郷隆盛らがやってきた洗足池には、彼らの足跡に関する旧跡が数多く残されて、池上線で行ける行楽地となってきた。

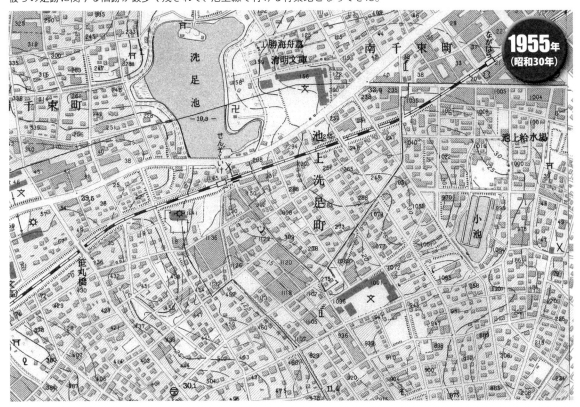

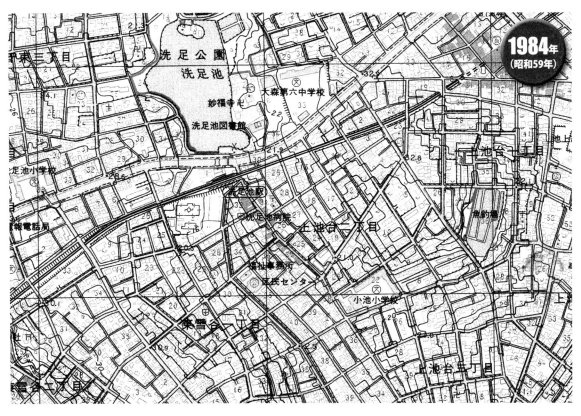

池上線における最大の行
楽地だった洗足池、大い
に賑わった戦前の風景を
集めてみた。ここは何と
いっても涼風が味わえる
池（水面）が魅力で、ボー
ト遊びに訪れる人々が多
かった。また、遊園地と
しての「チンカラ園」の
存在も忘れてはならない。
ここに足跡を残した日蓮
（立正大師）にまつわる史
跡も多く、御松庵・妙福寺、
袈裟懸松があるほか、立
正大師の銅像も存在した。

洗足池のボート遊び
（昭和戦前期）

洗足池の池畔の人々
（昭和戦前期）

洗足池の御松庵
（昭和戦前期）

チンカラ園（昭和戦前期）

洗足池の行商の荷車
（昭和戦前期）

洗足池の貸ボート水上倶楽部のマッチ（昭和戦前期）

◎立正大師像（昭和戦前期）

大森區新舊町名一覧表

新町名	舊町名	大字名	小字名
大森二丁目	大森町		美原、原中
同三丁目	同		淺間、谷嶋
同四丁目	同		諏訪、松ヶ谷、富士見
同五丁目	同		鶴島、三輪、末廣
同六丁目	同		鶴渡
同七丁目	同		千代田、貴船、東渡
同八丁目	同		田中、前方、堀ノ内
同九丁目	同		相生、瀬崎、仲富、中ノ嶋
森ヶ崎町	森ヶ崎町		前之浦、袖ヶ浦、森ヶ崎新田、森ヶ崎耕地、潮田耕地
入新井一丁目	入新井町	不斗	谷澤
同二丁目	同	同	中耕地、川添
同三丁目	同	同	高田耕地、堀後
同四丁目	同	同	根田耕地、根岸
同五丁目	同	同	長田、長田耕地、盟沼
同六丁目	同	同	河原作、西沼
山王一丁目	同	新井宿	山王、原藏原
同二丁目	同	同	根岸、木原山
新井宿一丁目	新井宿	同	根ヶ原、八景坂
馬込東一丁目	馬込町	東	高畑、子母澤
同二丁目	同	同	天沼、赤松、後谷、根古谷
同三丁目	同	同	美奈見、霜田、堂寺、松原
同四丁目	同	同	大久保、和田、大谷、中丸
馬込二丁目	同	道々女木、深沼、宮下、二本木、入原	
同三丁目	同	北	東、谷中、平張
千束一丁目	同	上臺	新田、小宿、中井
同二丁目	同	特監谷、根古谷	大塚
同三丁目	南	千ノ束	河原、中洲
同四丁目	北	千ノ木	千鳥、上郷耕地、河原、下郷
調布鵠沼	鵠沼	鵠ノ束	上原耕地、横須賀
調布鵠二丁目	同	同	高畑、永宮、入船、相生、末廣、老松、蟹久保
調布鵠沼一丁目	同	下沼	河原、中洲
調布大塚町	同	下沼部、上沼部	大塚
田園調布一丁目	東調布町		河原
同二丁目	同		宮本、永宮、石梨、上川原、下川原
同三丁目	同		
同四丁目	同		
堤方町	池上町	堤方、新井宿	上沼部耕地、小杉村埒、吹上、埒外、上、中、埒外
市野倉町	同	市野倉、桐ヶ谷、新井宿	宮内、堂山、中延、宮ノ内、宮下
桐里町	同	桐ヶ谷	子持澤、河原作
梅田町	同	梅田、稲荷、西臺	梅里、谷戸原、河原作
池上徳持町	徳持		入田
久ヶ原町	久ヶ原	上池上、久ヶ原	梅田、西臺
上池上本町	上池上		本村、芹ヶ谷、八幡下
池々橋町	道々橋		千束
道々橋町	道々橋		
池上洗足町	池上	洗足	
石川町	石川	石ヶ川	

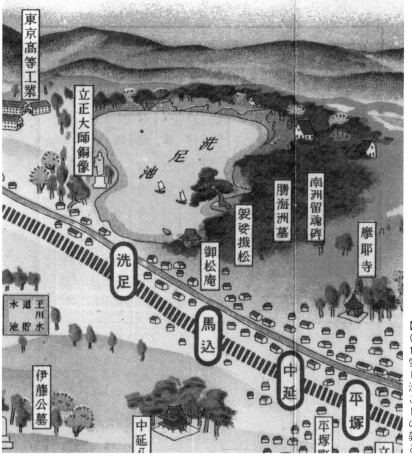

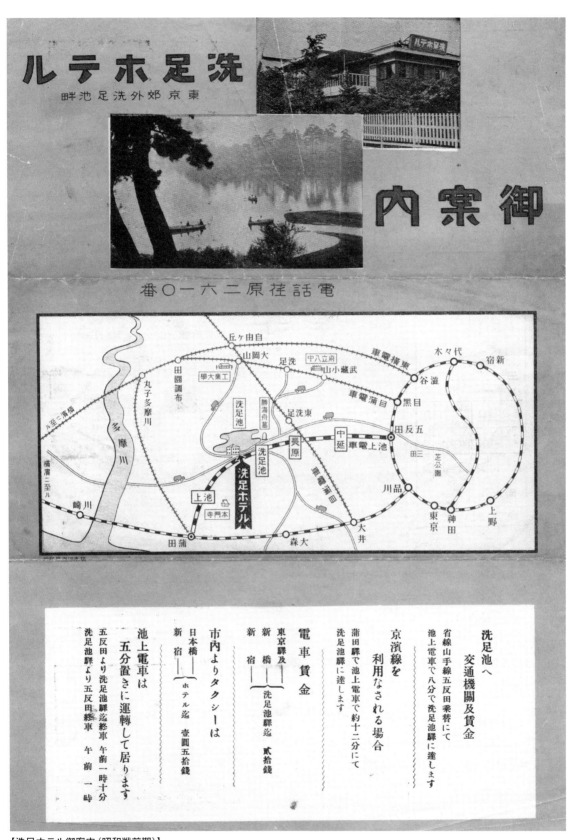

洗足ホテル

御案内

東京郊外洗足池畔

電話荏原二六一〇番

洗足池へ
交通機關及賃金

省線山手線五反田乗替にて
池上電車で八分で洗足池驛に達します

京濱線を
利用なされる場合

蒲田驛で池上電車で約十二分にて
洗足池驛に達します

電車賃金

東京驛及
新　橋──洗足池驛迄　貳拾錢
新　宿

日本橋──（ホテル迄）
新　宿──洗足池驛迄　壹圓五拾錢

市内よりタクシーは

池上電車は
五分置きに運轉して居ります

五反田より洗足池驛迄終車　午前一時十分
洗足池驛より五反田終車　午前一時

【洗足ホテル御案内（昭和戦前期）】
戦前、池上線の洗足池駅付近で営業していた洗足ホテル、3つ折りのパンフレットである。ホテルの全景、池畔の風景とともに案内地図（交通図）が描かれ、裏面には館内の写真や説明と料金表、レストランのメニューなどが記されていた。

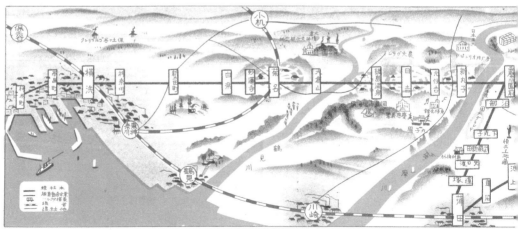

【洗足池南台住宅案内（昭和戦前期）】
目黒蒲田電鉄田園都市課が発行した「洗足池南台住宅地」の案内パンフレット（ちらし）で、表と裏で2色刷りとなっている。この住宅地は、洗足池駅の南西に位置し、北側は池上線の線路に面していた。池上線は、既に池上電気鉄道から目黒蒲田電鉄の所属に変わっており、1934（昭和9）年10月以降に発行されたものである。

洗足池ノ一部

分譲地ヨリ洗足池ヲ望ム

分譲地ヨリ南方住宅街ヲ望ム

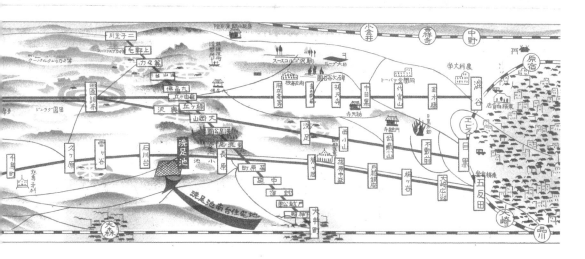

地上駅だった頃の長原駅の改札口付近で、レトロな自動券売機が設置されていた。この後、1965（昭和40）年から始まった工事により、1968（昭和43）年には地下ホームへ移行した。その後、駅の地下化は1973（昭和48）年に完了している。また、現在はホームのリニューアルがなされている。
◎長原
1961（昭和36）年4月21日
撮影：荻原二郎

デハ3300形デハ3301-3305-3304の3連上り五反田行。写真の左手には洗足池変電所がある。デハ3300形は鉄道省から譲り受けた木造車を1937（昭和12）年、汽車会社で鋼体化して生まれた。旧車体の台枠を利用したため正面は平面、車体長も16mと短い。モータ出力も低くオール電動車3連で使われた。11両製造されたが3302，3303の2両が蒲田で空襲にあい被災し戦後は9両になった。
◎洗足池
1975（昭和50）年3月8日
撮影：矢崎康雄

デハ3300形デハ3301の編成の蒲田寄りがデハ3304だった。撮影当時は全部で3両オールMが3編成で9両あった。蒲田寄りが偶数番号、この五反田寄りは3301である。3300形もデビュー当時は片隅運転台、戦後全室になった。
◎洗足池
1975（昭和50）年3月8日
撮影：矢崎康雄

目黒蒲田電鉄モハ100形モハ124。モハ100形は1928（昭和3）年汽車会社製、池上電気鉄道で最初の半鋼製車で5両が製造された。目黒蒲田電鉄合併後は120形に形式変更された。100形に続いて1930（昭和5）年に製造された3両は正面が非貫通になって200形と形式が変わり、目黒蒲田電鉄になってからは130形に形式を区分されている。東急合併後は両社8両ともに3250形になったが、制御器がデッカーのカム軸で、元目黒蒲田電鉄の車両と異なり連結ができず、戦後、庄内交通、静岡鉄道、京福電鉄（福井）へ譲渡された。
◎洗足池
1938（昭和13）年3月27日
撮影：荻原二郎

出札口で乗車券を求める人が見える人が見える洗足池駅の改札口風景である。まだ、有人改札だった頃で、自動券売機も設置されていない。右横には駅前売店も営業していた。切符を求める人のために、壁の上には路線図や運賃表が掲げられており、駅で待ち合わせをする人のための伝言板が設けられていた。
◎洗足池
1961（昭和36）年4月21日
撮影：荻原二郎

蒲田行デハ3550形デハ3551他MMT編成。この3550形3551と3552は1953・1954年に戦災応急復旧車クハ3223, 3224を種車として電動車化3850形同型の車体を新製した更新車。
◎洗足池
1968（昭和43）年4月21日
撮影：荻原二郎

デハ3204先頭の蒲田行。600Ｖから1500Ｖへの昇圧で電装解除されたサハ3100形を間に挟んだMTM編成。3200形も晩年は池上線だった。写真のデハ3204は1969（昭和44）年に荷物車デワ3042に改造された。
◎石川台
1968（昭和43）年4月21日
撮影：荻原二郎

池上電気鉄道で最初の半鋼製車のデハ100形デハ101。写真は目黒蒲田電鉄時代でモハ120に改番されている。この車は戦後静岡鉄道に譲渡され500に、さらにモハ16、クモハ16になった。100形はデハ101～105の5両が製造され目黒蒲田電鉄合併後は120形に形式変更された。車号は0から始まりモハ120～124になった。
◎石川台
1939（昭和14）年3月8日
撮影：荻原二郎

相対式ホームの屋根のスタイルが上下線で異なっている石川台駅の駅舎。看板の文字は変化しているものの、基本的な外観は現在も変わらない。これは蒲田駅方面に向かう下り線のホームで、ホーム間を結ぶ連絡通路は置かれていない。洗足池駅寄りには、池上線の線路を渡る笹丸橋が存在している。
◎石川台
1961（昭和36）年4月21日
撮影：荻原二郎

クハ3670形クハ3674＋デハ3400形2両。撮影時の池上線のMMT編成はクハが蒲田寄りについていた。電車は下り。デハ3600形やクハ3670、3770形は国鉄の戦災応急復旧車。車体幅が広く、特認で東横目蒲線しか入線できなかった。このため新たに車体更新を行い、車体幅を私鉄車両限界内にして池上線などにも入線できるようになった。
◎石川台〜雪が谷大塚
1975（昭和50）年3月8日
撮影：矢崎康雄

下りデハ3656-サハ3363-デハ3355編成。先頭のデハ3656は台車が車体側面まで広がっている。長軸台車をはいているのがわかる。3650形は1942年制御車として生まれ、戦後電動車化された。1940年代はトレーラで製造され後で電動車化されるという例は多い。3650形は6両、間にサハ3360形3361〜3363を入れたMTM固定で3編成があった。
◎石川台〜雪が谷大塚
1975（昭和50）年3月8日
撮影：矢崎康雄

デハ3551-デハ3552-クハ3864の編成。先頭はクハ3850形クハ3864。クハ3850形は1952〜1953年に17両が製造された。クハ3850〜クハ3854が川崎車輌製で台車がOK-6、クハ3855〜3866が東急横浜製作所（1953年に東急車輌製造に改称）製で台車がYS-T1と異なっていた。
◎石川台〜雪が谷大塚
1975（昭和50）年3月8日
撮影：矢崎康雄

前ページ下の写真のデハ
3551-デハ3552-クハ3864
の編成の上り方の写真。デハ
3551が後ろについている。
この3550形3551と3552は
1953・1954年に3850形と
同型の車体を新製した更新
車、3553，3554は帝都電鉄
1401、小田急1366と種車は
様々。デハ3551は1977年に
架線検測車デヤ3001に改造
されたが1889年に引退した。
◎石川台～雪が谷大塚
1975（昭和50）年3月8日
撮影：矢崎康雄

雪が谷大塚に到着前の先頭デ
ハ3652。この当時の3650形
は以下のようにわかりやすい
MTMの固定編成3本だった。
3651-3361-3652、3653-
3362-3654、3655-3361-
3656。
◎雪が谷大塚
1975（昭和50）年3月8日
撮影：矢崎康雄

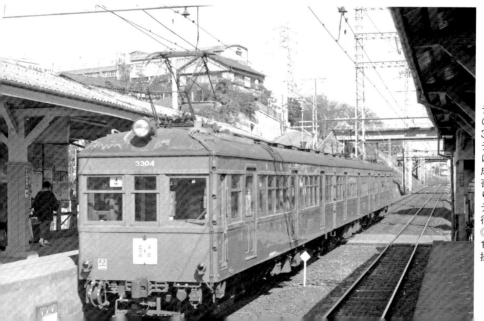

デハ3300形デハ3301編成
の五反田行。デハ3301-デハ
3305-デハ3304で蒲田側が
デハ3304だった。撮影当時
は全部で3両オールMが3編
成で9両あった。蒲田寄りが
奇数番号、このデハ五反田寄
りは3301である。3300形も
デビュー当時は片運転台、戦
後全室になった。
◎石川台
1971（昭和46）年2月20日
撮影：荻原二郎

クハ1554はもと帝都電鉄の
クハ254で1938（昭和13）年
日本車両東京で製造された。
帝都電鉄が小田急に合併され
1550形に改番、1947（昭和
22）年にクハ1553（帝都のク
ハ253）とともに旧帝都線から
転出、東急では改番されず使
われた。1959（昭和34）年車
体更新でサハ3365になった。
◎石川台
1959（昭和34）年4月26日
撮影：荻原二郎

戦後の統制の時代、運輸省規
格型として1948（昭和23）年
に川崎車両でデハ3700形が
15両とクハ3750形が5両製
造された。1962年から車体
更新され窓も上下が大きく
なった。デハ3700形は全車
に両方向とも貫通口がある
がクハ3750形は運転台側は
貫通口はない。晩年は主に目
蒲線で活躍していた。1975
年と1980年の二回にわたり
名鉄に譲渡されモ3880形ク
2880形になった。
◎石川台
1968（昭和43）年4月21日
撮影：荻原二郎

デハ3484の前照灯が上部に
1灯の時代。デハ3450形は
1931年から日本車両で6両、
川崎車両で44両と合計50両、
当時としては1形式で生まれ
た両数としては大きい。また
長年にわたり様々な改造が行
われ、1両ごとの差異も見ら
れたといっても過言ではな
い。
◎石川台～雪が谷大塚
1975（昭和50）年3月8日
撮影：矢崎康雄

かつての雪が谷大塚駅は、島式1面2線のホームの端に駅舎が置かれている珍しいスタイルだった。1889（平成元）年に雪が谷大塚駅ビルが完成し、橋上駅舎に変わっている。これは地上駅舎時代の改札口付近を写したものである。
◎雪が谷大塚
1961（昭和36）年4月21日
撮影：荻原二郎

クハ3864-デハ3552-デハ3551が五反田に向かう。
◎石川台〜雪が谷大塚
1975（昭和50）年3月8日
撮影：矢崎康雄

3650形の五反田行。
◎石川台〜雪が谷大塚
1975（昭和50）年3月8日
撮影：矢崎康雄

五反田行デハ3450形2両に
クハ3850形クハ3860が付い
たMMT編成。
◎石川台〜雪が谷大塚
1975（昭和50）年3月8日
撮影：矢崎康雄

駅のホームの向こうの渡線の
先には上りの3300形が見え
る。島式ホームの先端にある
改札口は今のようにホームか
ら上下する必要はなく、ずっ
と楽であった。
◎雪が谷大塚
1975（昭和50）年3月8日
撮影：矢崎康雄

デハ3400形デハ3402。原
型に近い写真であろう。片隅
運転台がよくわかる。デハ
3400形は目黒蒲田電鉄でモ
ハ500形501〜505として
1928（昭和3）年に川崎車輌
で5両が製作された。屋根が
深くリベットのある川崎造船
タイプだが、窓が二段になる
など少々変化してきていた。
のちに関東で多く見られるよ
うになる窓配置d1D4D4D
2（d:乗務員扉、D:客用扉、数
字:窓の数）の始祖。
◎雪が谷検車区
1951（昭和26）年4月1日
撮影：荻原二郎

サハ3360形 サハ3363。サ
ハ3360形は戦災復旧車を車
体更新したもの。サハ3361
〜3363はデハ3650形の間
に入って編成するため1100
㎜の広幅貫通口だったが、サ
ハ3364〜3366はそのほか
の形式と組むため狭幅貫通口
だった。国鉄201系にならっ
てドアのガラス部分が小さく
改造されている。
◎雪が谷検車区
1984（昭和59）年5月6日
撮影：荻原俊夫

デハ3650形 デハ3654　蒲
田寄りの先頭車　海側のサイ
ド。
◎雪が谷検車区
1984（昭和59）年5月6日
撮影：荻原俊夫

デハ3650形 デハ3655　五
反田寄りの先頭車海側のサイ
ド。
◎雪が谷検車区
1984（昭和59）年5月6日
撮影：荻原俊夫

池上電気鉄道蒲田〜池上の開業時、池上にあった車庫は雪ヶ谷まで延伸された1923（大正12）年にここに移設された。写真
の先が五反田方向。中央に並んでいる木造車はもと院線電車デハ6310形。デハ20〜29の10両を鉄道省から譲り受けた。（写
真はデハ26）左に写っている路面電車タイプの単車は1923（大正12）年駿遠電気鉄道（現在の静岡鉄道）から譲り受けた11
号。丙号として11，12号の2両があった。池上電気鉄道では車両形式に当たる区分を甲乙丙で表していた。
◎雪ヶ谷大塚車庫　1933（昭和8）年4月14日　撮影：荻原二郎

石川台駅

所在地：大田区東雪谷2-23-1
開業：1927(昭和2)年8月28日
キロ程：4.9km (五反田起点)　ホーム：2面2線
乗降人員：13,556人(2022年)

この石川台駅と洗足池駅との駅間は0.6キロ、雪が谷大塚駅との駅間は0.7キロとなっている。これでもかなり短いが、現在の雪が谷大塚駅が合併、誕生する前の隣駅だった雪ヶ谷駅は五反田駅寄りに存在しており、こちら側の駅間はさらに短かった。石川台駅は1927(昭和2)年8月、池上電気鉄道時代に石川駅として開業。1年もたたない1928(昭和3)年4月に駅名を「石川台」に改称している。駅の所在地は大田区東雪谷2丁目。駅の構造は相対式ホーム2面2線を有する地上駅である。

「石川(台)」の駅名の由来となったのは付近を流れる呑川で、このあたりでは「石川」とも呼ばれて、村の名にもなっていた。明治維新後、荏原郡にあった石川村は1889(明治22)年の合併により、池上村(後に町)の大字「石川」と変わった。駅の誕生した場所は、この池上町大字雪ヶ谷字石川で、駅名は「石川」とされたのである。駅の北西、東京工業大学方面にかけては現在、大田区石川町1〜2丁目が広がっており、石川町2丁目には石川台中学校が存在している。

1936(昭和11)年頃に製作された大森区詳細図では、北側からくねくねと曲がりながら流れる呑川(石川)に柳橋、石川橋が架かり、中原街道が通る石川橋の下流では、真っすぐな流れに変わっていることがわかる。この石川橋のそばには、江戸時代の1774(安永3)年に雪ヶ谷村の人々により、呑川に架けられた石橋の安泰と、通行人の安全を祈って建てられた石橋供養塔が残されている。現在はこの石川橋の手前に、増水時に一定水位を越えた呑川の水を地下水路で多摩川に流す、排水設備の中原幹線取水口が設けられている。

ここで、呑川について少し説明すると、この川は世田谷区の桜新町あたりを水源として、目黒区、大田区を流れて、糀谷付近で東京湾に注ぐ二級河川で、呑川水系の本流である。支流には、九品仏川などが存在している。下流の京急蒲田駅付近では、旧呑川と新呑川に分流し、旧呑川はほとんど暗渠化されている。呑川の由来については、牛が川に落ちて水を飲んだことによるといった説などが存在している。

石川町駅の北側は、大田区と世田谷区、目黒区の境界に近く、東京工業大学大岡山キャンパスは大田区と目黒区にまたがって存在している。キャンパス南側の石川台地区(石川町1丁目)には、出穂山稲荷神社が残っているが、このあたりはもともと荏原郡馬込村字出穂山であり、地区の鎮守の神社だったとされる。また、北西のキャンパス西側に鎮座する石川神社は、江戸時代の正保年間(1644〜48)年に創建された石川村の鎮守社で、天照大神、白山姫神が祀られている。

この駅の北側には、文教大学付属小学校が存在する。ここは1951(昭和26)年に立正学園小学校として開校し、文教大学付属立正小学校などをへて、1985(昭和60)年に現在の校名となった。なお、文教大学付属中学校・高等学校は、文教大学のルーツの地である池上線の旗の台駅付近に存在している。

一方、駅の南東には雪ヶ谷八幡神社が鎮座している。ここは室町時代の永禄年間(1558〜70年)に、太田新六郎康資が法華経曼荼羅の古碑を発掘して、八幡大菩薩を祀ったことが始まりとされている。雪ヶ谷村の鎮守として崇敬され、境内には、雪ヶ谷村内から集められた7基の庚申塔供養群や横綱、大鵬が奉納した出世石などが残されている。祭神は誉田別命である。1895(明治28)年に建てられた本殿などは、1945(昭和20)年の東京大空襲で焼失し、1959(昭和34)年に再建されている。戦前に地図では、この神社の南西に広い日本石油運動場があったが、現在はマンション、大田東雪谷二郵便局などに変わっている。

雪ヶ谷八幡神社の境内には、大田区文化財指定の庚申供養塔群や、横綱大鵬が奉納した出世石などがある。

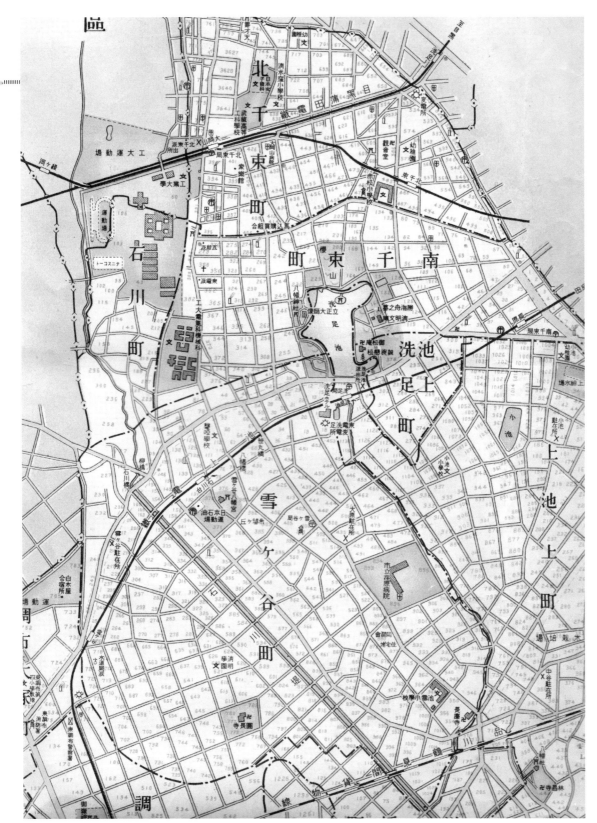

【石川台駅付近（1936年頃）】
駅の南側には、雪ヶ谷八幡宮（神社）と日本石油運動場が見える石川台駅付近の地図である。この駅の所在地は大森区の雪ヶ谷町だった。北に広がる東京工業大学の大岡山キャンパスは、同区石川町と南千束町にまたがって存在し、北側は目黒区内に及んでいた。この東側の北千束町には、目黒蒲田電鉄（目蒲線、現・目黒線）・大井町線の大岡山駅が置かれている。

石川台駅周辺

（左ページ上）帝国陸軍参謀本部陸地測量部発行「1/10000地形図」
（左ページ下）帝国陸軍参謀本部陸地測量部発行「1/10000地形図」
（右ページ上）建設省地理調査所発行「1/10000地形図」
（右ページ下）建設省国土地理院発行「1/10000地形図」

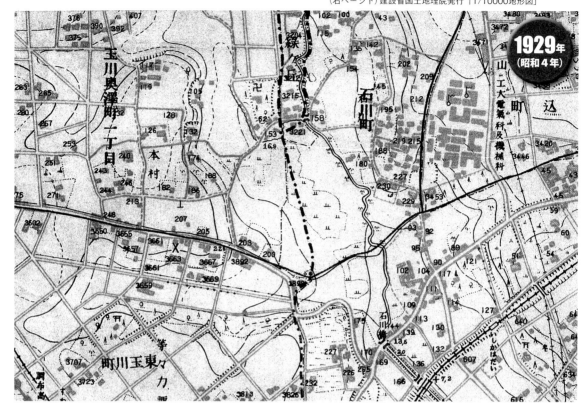

1929年（昭和4年）

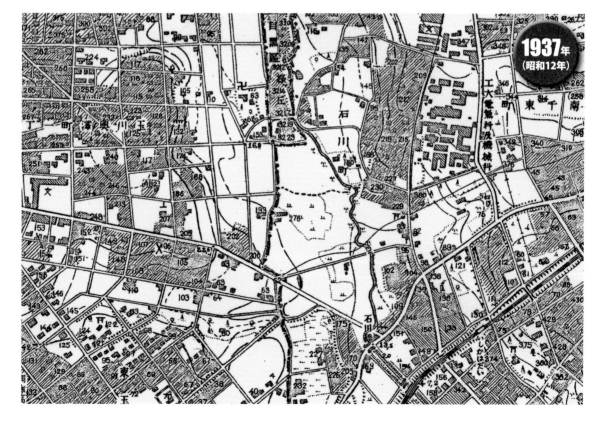

1937年（昭和12年）

中原街道が呑川を渡る石川橋付近に置かれている、池上線の石川台駅。この呑川は歴史の中で大きく変化を遂げた川であり、現在この石川台駅付近では川沿いに緑道が設けられている。古い歴史をもつ中原街道も、東京都道・神奈川県道2号として整備されていった。また、駅の北側では東京工業大学の大岡山キャンパスが大きな面積を占めている。「大岡山」は目黒区の地名であるが、南北に延びたキャンパスは大田区石川町まで広がってきている。

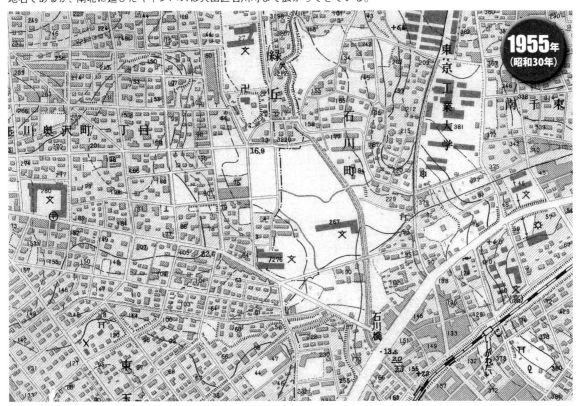

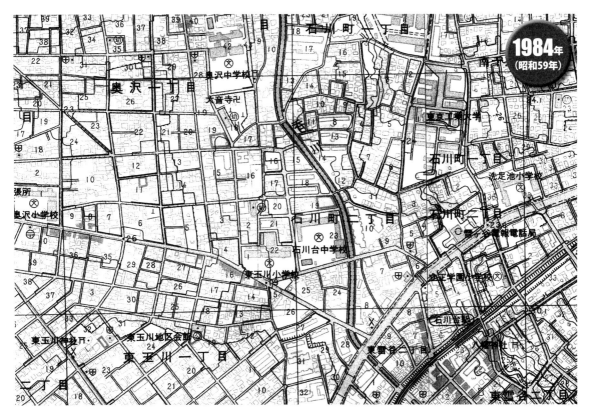

雪が谷大塚駅

所在地：大田区南雪谷２−２−16
開業：1923（大正12）年５月４日
キロ程：5.6km（五反田起点）　ホーム：１面２線
乗降人員：20,611人（2022年）

　1922（大正11）年10月、蒲田〜池上間で開業した池上電気鉄道は、1923（大正12）年５月に池上〜雪ヶ谷（現・雪が谷大塚）間を延伸し、このときに終着駅として雪ヶ谷駅が誕生している。また、池上駅付近にあった池上電鉄の車庫が、雪ヶ谷駅の南側に移転して、雪ヶ谷車庫（現・雪が谷検車区）となった。その後、1927（昭和２）年８月に桐ヶ谷（後に廃止）駅まで延伸したことで、雪ヶ谷駅は中間駅となった。

　1928（昭和３）年10月には、雪ヶ谷〜新奥沢間の新奥沢線が開業し、分岐点となった雪ヶ谷駅も蒲田駅寄りに移転した。この新奥沢線は、池上電鉄が目黒蒲田電鉄に統合された後の1935（昭和10）年11月に廃止された。その後、雪ヶ谷駅は1937（昭和12）年頃の路線改良工事の際にもう一度、移転しており、さらに1943（昭和18）年12月、「雪ヶ谷大塚」に駅名を改称した。戦後の1966（昭和41）年１月には、現在の駅名である「雪が谷大塚」に改めている。駅の所在地は大田区南雪谷２丁目で、駅の構造は島式ホーム１面２線の地上駅で、橋上駅舎を有している。

　「雪ヶ谷」の地名、駅名の由来には、諸説が存在している。雪の積もる谷で氷室を作っていた説。「ユキ」と呼ばれる崖崩れの危険があった谷だったという説。柚子の木があった「柚木谷」から転訛した説。白土の地で雪が積もっているように見えた「雪谷戸」から変わったという説などがある。このあたりは谷のある地形で、明治初期には東京府荏原郡雪ヶ谷村となり、1889（明治22）年の町村制で、池上村の一部となり、大字雪ヶ谷となった。その後、大森区雪ヶ谷町に変わり、現在は大田区に東雪谷１〜５丁目、南雪谷１〜５丁目が存在している。

　一方、1927（昭和２）年８月には、南側に調布大塚駅が開業している。この調布大塚駅は、一部の書籍などでは、1933（昭和８）年６月に廃止されたと記されていたが、池上電鉄および目黒蒲田電鉄の路線図を検証すると、1937（昭和12）年３月に製作された路線図にも調布大塚駅は記載されており、田園調布駅方面への連絡バス路線の起点となっている。おそらく、1937（昭和12）年頃の路線改良工事に合わせて、廃止されたというのが正しいのかもしれない。

　この調布大塚駅の東側、現在の雪が谷大塚駅の南側に当たる場所（南雪谷４丁目）には、1933（昭和８）年に同潤会の勤め人向け住宅地「雪ヶ谷分譲住宅」が誕生する。この住宅地については、当時のパンフレット（66〜67ページ参照）が残されており、現在も紅葉の並木が残されている分譲地の詳細がうかがえる。

　「調布大塚」の地名、駅名の由来は、雪谷大塚町に鎮座する稲荷神社一帯に残っている鵜木大塚古墳である。この古墳は、荏原古墳群の中で最も東側にある円墳で、かつては鵜の木村の飛び地になっていた。その後、調布村、東調布町と変わり、東京市に編入された後は大森区調布大塚町となり、現在は大田区雪谷大塚町となっている。

　1941（昭和16）年には、現在の大田区立調布大塚小学校が開校している。なお、開校前に製作されたと推定される大森区の地図には、「東調布第四小学敷地」という文字が見える。大田区には東調布第一小学校、東調布第三小学校が存在しているほか、現在の田園調布小学校は一時、東調布第二小学校を名乗っていたことがあり、この調布大塚小学校は、東調布第四小学校として計画されていたことがうかがえる。また、この地図では当時、この北東に白木屋百貨店の運動場、合宿所があったこともわかる。現在、調布大塚小学校の西側、中原街道と環状八号線（都道311号）の交差点付近には、田園調布警察署が存在している。

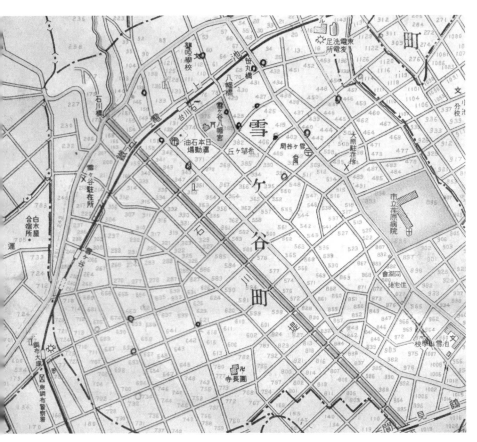

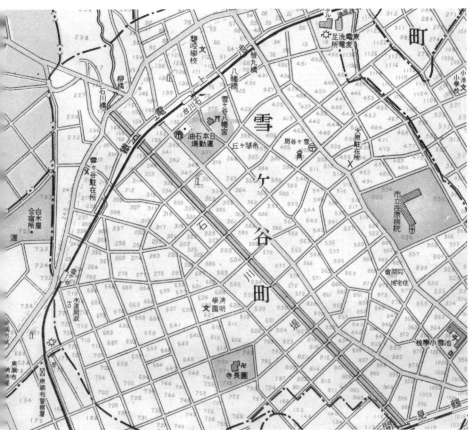

【雪ヶ谷駅付近
（1936年・36年頃）】
1936（昭和11）年頃の大
森区詳細図から、雪ヶ谷
駅付近をクローズアップ
したものである。上の地
図では、雪ヶ谷（現・雪
が谷大塚）駅とともに調
布大塚駅が置かれてお
り、両駅の中間に点線で
囲われている場所が、移
転後の雪ヶ谷駅ではない
かと思われる。下の地図
では、元の駅のやや下の
位置に新しい雪ヶ谷駅が
示される一方、調布大塚
駅は姿を消している。上
の地図は1936（昭和11）
年6月の発行で、下の地
図には発行年月日の記載
はない。同じ発行元で、
中身もほぼ同じだが、こ
の駅の所在地については
大きく変わっている。

雪が谷大塚駅周辺

（左ページ上）帝国陸軍参謀本部陸地測量部発行「1/10000地形図」
（左ページ下）帝国陸軍参謀本部陸地測量部発行「1/10000地形図」
（右ページ上）建設省地理調査所発行「1/10000地形図」
（右ページ下）建設省国土地理院発行「1/10000地形図」

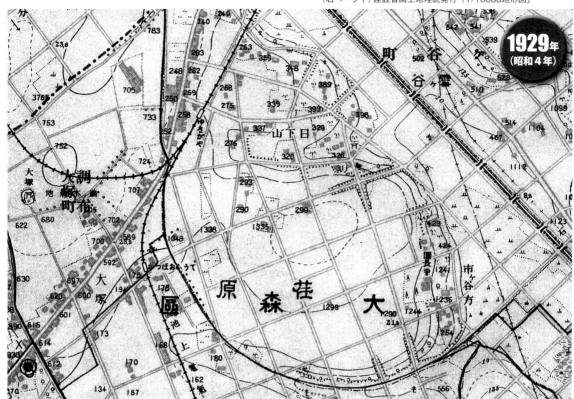

1929年
（昭和4年）

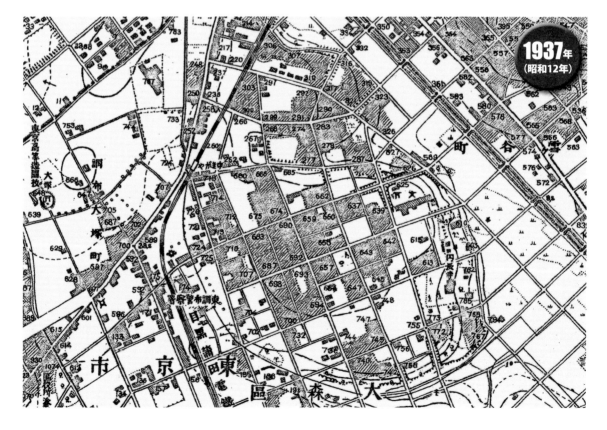

1937年
（昭和12年）

現在の雪が谷大塚駅は、池上線の中でもその役割が大きく変化した駅である。開業時は、池上駅から延伸した際の終着駅であり、その後、一時は新奥沢線（支線）との分岐点となっていた。さらにお隣の調布大塚駅が廃止され、合併した形での雪ヶ谷大塚駅に変わった。また、駅に近い場所に雪が谷検車区が誕生している。こうした中で駅の位置、名称も変化して、現在は雪が谷大塚駅となっている。現在の駅の所在地は大田区南雪谷２丁目である。

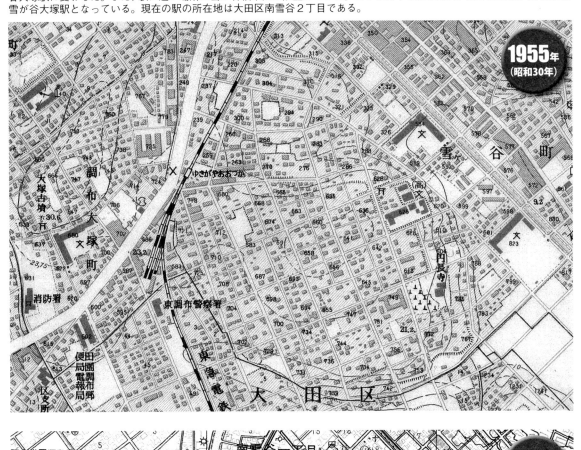

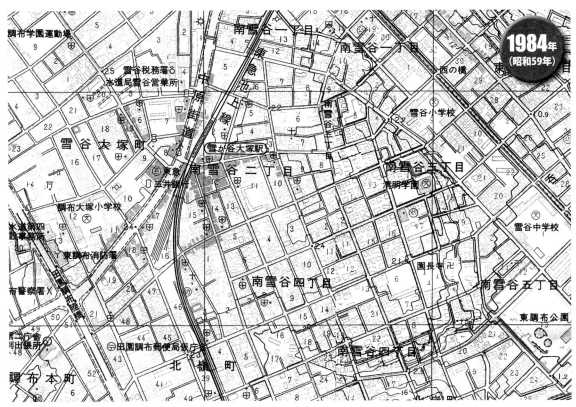

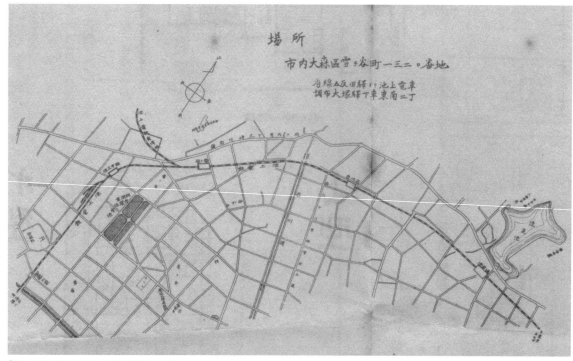

【雪ヶ谷分譲住宅の案内図（1931年）】
この見開きでは、同潤会が昭和戦前期に現在の雪が谷で分譲した雪ヶ谷分譲住宅のパンフを紹介する。この住宅は同潤会が昭和戦前期に建設したもので、当時の雪ヶ谷町の池上線調布大塚町付近に存在した。ここでは、入居者は一定期間（15年間）、月々の家賃を支払い続ければ、その住宅が自分のものになるシステムだった。パンフレットには、現地への案内図のほか、住宅の配置図やタイプ別の間取り図、賃料などが説明されている。

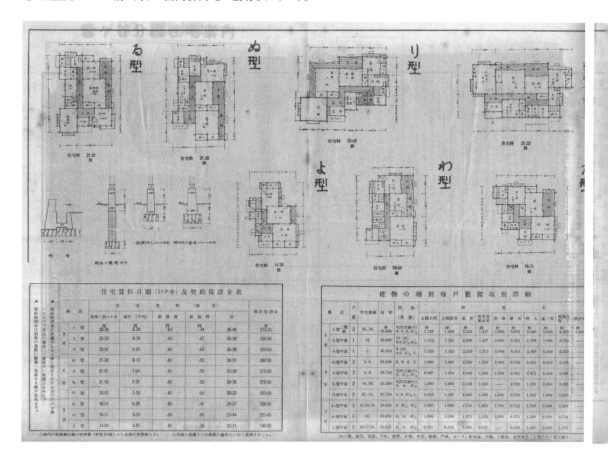

雪ヶ谷分譲住宅案内の表紙（1931年）

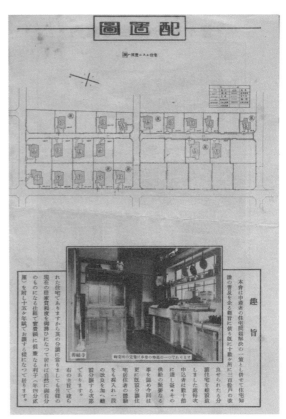

雪ヶ谷分譲地の配置図（1931年）

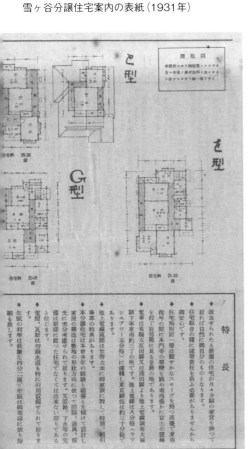

雪ヶ谷分譲地の間取り図（1931年）

デハ7700系 デハ7703-デハ7803-クハ7903、7700系は1962（昭和37）年登場した7000系の冷房化に際し1987（昭和62）年に改造してできた形式である。クーラーを載せるため車体が補強され、台車、駆動装置、モータを交流にし、インバータ制御など足回りは全く別物になっている。1998年のワンマン化を見据え1995年に池上線に登場している。2018年に16両が養老鉄道へ譲渡された。
◎洗足池
2000（平成12）年11月12日
撮影：矢崎康雄

お別れ運転のデヤ7200とデヤ7290。もとは1967（昭和42）年東急車輌の試作的存在のアルミ車デハ7200＋クハ7500の2両。1991年2両とも両運転台化、クハ7500は電動車化デヤ7290になった。デハ7200も1996年にデヤに、1998年からは新製された軌道検測車サヤ7590を入れ3両で総合検測で走るようになった。検測のない時は池上線の車両などATC区間を走れない車に連結し長津田工場への回送に使用された。
◎石川台
2012（平成24）年2月26日
撮影：矢崎康雄

7200系引退時のお別れ運転。各駅停車の池上線を、かつての東横線などの急行看板をつけ定期列車で運行した。
◎石川台
2000（平成12）年11月12日
撮影：矢崎康雄

クハ1019-デハ1219-デハ1319。1991（平成3）年製。1992（平成4）年に池上線に新製投入されたもので、その前の池上線への新車投入は約60年以上前の池上電気鉄道時代である。1000系は1988年日比谷線乗り入れ用として最初は8両編成が登場したが日比谷線乗り入れ中止でこれらは編成替えされている。
◎石川台
2000（平成12）年11月12日
撮影：矢崎康雄

クハ3856。3850形も更新でスタイルが変わった。冷房対策は正面の窓を開け風を入れることだった。
◎石川台
1973（昭和48）年7月11日
撮影：荻原二郎

デハ7661－デハ7881－クハ7601の編成が最後まで残った。引退の前は赤帯をはがして元の状態にして走った。
◎久が原〜御嶽山
2015（平成27）年2月7日
撮影：矢崎康雄

7200系は1967（昭和42）年にデハが7200形クハが7500形のMT編成で田園都市線に配置された。1984（昭和59）年に池上線で最初の冷房車として7200系が配置された。編成はMMT。7200系は日立製と東洋電機製があり東洋電機製は50番台〜にして区分されていた。引退に際し赤帯をはがし急行板を付けかつての東横線などでの姿を再現し池上線を走った。
◎久が原〜御嶽山
2000（平成12）年11月12日
撮影：矢崎康雄

蒲田行デハ7661ーデハ7881ークハ7601。前面の赤黒の顔立ちから「歌舞伎」というニックネームがつけられていた。中間車にパンタグラフが二つ。先頭のデハ7661は1988年にクハ7500形から改造され主制御器を搭載している。7600系は7200系の改造車。MT同数の方針で製作されたが3連への組み換えの際、9000系の日立製に対して東洋電機製を使用、制御車を電動車化した。110kw 8個交流モータをGTOインバータ制御器1台での制御に、台車もパイオニアIIIからTS-831に交換された。
◎御嶽山〜久が原
2004（平成16）年1月11日
撮影：矢崎康雄

蒲田行デハ3300形3連 デハ3301-デハ3305-デハ3304。3302, 3303は蒲田で空襲により被災し、欠番。3300形はこのほか3307-3306-3308、3309-3311-3310で全部で3両×3編成=9両。全部電動車、ほぼ固定編成だった。
◎蓮沼
1963（昭和38）年7月18日
撮影：荻原二郎

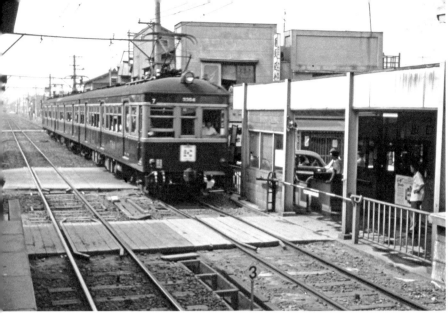

蒲田行デハ3300形デハ3304他3連が到着する。夏は運転台の窓を開け風を入れていた。改札口は下りホームの端で1か所だけ。この当時、構内踏切の駅が多かった。
◎蓮沼
1963（昭和38）年7月18日
撮影：荻原二郎

デハ3655-サハ3363-デハ3655長軸台車、連結面の広幅貫通口という3650形。最初はクハで生まれたが、相手となる予定のデハが旧帝都線に配属され、戦後会社は分離、6両すべてが電動車化された。
◎蒲田
1989（平成元）年1月29日
撮影：荻原俊夫

廃車時期を前にがツートーンのリバイバル塗装になったデハ3452の編成。1950年代から1960年代中頃まで、この塗色であったが、合理化の名のもとにグリーン一色になった。近鉄の最初のビスタカーに始まる特急色はこの配色を上下逆にしたようなものになっていた。
◎蒲田
1989（平成元）年2月19日
撮影：荻原俊夫

新奥沢線

池上電気鉄道時代に唯一、開業した支線となる路線がこの新奥沢線だった。1928（昭和3）年10月に雪ヶ谷駅から分岐して、新奥沢駅に至るわずか1.4キロが開業し、途中駅として、諏訪分駅が置かれた。当初の計画ではこの先に北西に延びて、中央本線の国分寺駅との間を結ぶ壮大な計画だったが、すぐに計画は頓挫する。その後、池上電鉄が目黒蒲田電鉄（現・東急）に統合された後、1935（昭和10）年11月に廃止された。当初は複線であったが、間もなく単線になっていたという。

開業時に新奥沢駅が設けられたのは、現在の世田谷区東玉川2丁目である。東急東横線・目黒線が走る田園調布駅の北東、都道311号沿いに「新奥沢駅跡」の小さな石碑が残されているものの、駅舎の面影は見られず、廃線跡もたどれなくなっている。また、諏訪分駅についても、田園調布学園中等部・高等部（当時は調布高等女学校）がある付近、現在の東玉川2丁目に置かれていたが、ともにわずか7年ほどに廃駅となった。

地図を見れば明らかなように、このあたりは世田谷区の南東の端にあたり、周囲は大田区の田園調布、南雪谷、東雪谷に囲まれる形になっている。「東玉川」は、もともとは玉川村大字等々力の飛び地で、字諏訪分と呼ばれていた。1932（昭和7）年に世田谷区の東玉川町になり、1967（昭和42）年の住居表示で、東玉川1・2丁目となった。1934（昭和9）年に製作された世田谷区詳細図には、大森区との区界に沿って北西に真っすぐに延びる新奥沢線が描かれており、諏訪分、新奥沢の両駅の位置もしっかり確認できる。なるほど、調布高等女学校付近に諏訪分駅が置か

れており、同校の生徒が多く利用していた理由がわかる。

田園調布学園は1926（大正15）年、現・東玉川2丁目で調布学園（女学校）として開校し、翌年に調布高等女学校も誕生している。戦後に調布中学校・高等学校となり、1967（昭和42）年には川崎市に調布学園女子短期大学が開学している。2002（平成14）年には田園調布学園大学が開学し、付属する中学校・高等学校も田園調布学園中等部・高等部と改称した。なお、田園調布学園大学のキャンパスは川崎市麻生区東百合丘に置かれている。

ここで、「奥沢」という地名についても説明しておこう。奥沢は「奥深い沢地」を意味し、九品仏川（丑川）の流域を指していたという。1876（明治9）年に奥沢本村と奥沢新田村が合併して奥沢村となり、1889（明治22）年の合併で玉川村が成立し、玉川村大字奥沢に変わった。その後、1932（昭和7）年に誕生した東京市世田谷区では、玉川奥沢町と玉川田園調布に分かれ、現在は奥沢1～8丁目、玉川田園調布1・2丁目となっている。1923（大正12）年3月に開業した目黒蒲田電鉄（目蒲線）が奥沢駅を開設したため、新奥沢線の駅は「新」の字が付く新奥沢駅を名乗ったのである。

【新奥沢線（1929年）】
帝国陸軍参謀本部陸地測量部が発行した1万分の1の地図、新奥沢線沿線部分である。「東玉川町」という地名の横には、新奥沢線唯一の中間駅、諏訪分駅の駅名の由来となった「等々力諏訪分」という地名も見えている。「等々力諏訪分」は、東京市になる前に玉川村大字等々力の飛び地であったことを示している。また、「諏訪分」の地名は、地図に見える鳥居の記号が示す諏訪神社に由来している。

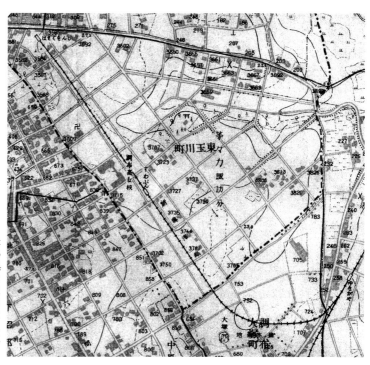

【新奥沢線（1934年）】
1934（昭和9）年に発行された世田谷区詳細図のうち、新奥沢線が走る東玉川町付近をピックアップしている。終着駅の新奥沢駅は、目黒蒲田電鉄（現・東急）の田園調布駅、奥沢駅から少し距離があるため、乗り換えには不便だった。諏訪分駅付近には調布高等女学校が存在している。この学校は現在の田園調布学園大学のルーツである。駅の東北には、地名の由来となった諏訪神社が鎮座している。

御嶽山駅

所在地：大田区北嶺町32—17
開業：1923（大正12）年5月4日
キロ程：6.4km（五反田起点）　ホーム：相対式　2面2線
乗降人員：21,762人（2022年）

　開通当初の池上線は、沿線に点在する神社仏閣への参詣客を運ぶことを大きな目的としていた。その最大のものが日蓮宗の大本山である池上本門寺であることは言うまでもないが、この御嶽山前（現・御嶽山）駅ともに、短期間で廃止された光明寺駅という寺社を駅名に採用していることからもそれがうかがえる。御嶽山駅は、駅の北西にある御嶽神社の最寄り駅であり、ここは江戸時代には、富士山や白山、浅間山などとともに崇敬を集めた、木曽の御嶽山を信仰する人々で大いに賑わった社だった。

　御嶽神社は戦国時代の1535（天文4）年の創建である。その後、1831（天保2）年に御嶽山で修行した一山行者が、御嶽山の関東第一分社として、大きな社殿を建てたことから、関東一円から信者が集まるようになった。1867（慶応3）年頃に御嶽講の行者が水垢離するための水行堂が建てられたほか、1889（明治22）年に境内に一山行者を祀る祖霊社（一山神社）が建立され、ともに現在は国の登録有形文化財となっている。この御嶽講の人々（行者）が定期的に参詣したため、江戸から明治期にかけて、御嶽神社は大いに賑わい、神社の周囲は宿場町の役割も果たしていた。

　御嶽山駅は、池上電気鉄道時代の1923（大正12）年5月に「御嶽山前」の駅名で開業し、1929（昭和4）年6月に現在の駅名「御嶽山」に改称した。駅の構造は、相対式ホーム2面2線を有する地上駅で、ホーム間を結ぶ通路、跨線橋は設けられていない。駅の所在地は、大田区北嶺町である。また、駅の西側には日蓮宗の寺院、性光山本覚寺が存在している。

　この駅のホーム南側の下には、JRの品鶴（横須賀）線、東海道新幹線が走っている。品鶴線は、品川駅と鶴見駅を結ぶ東海道本線の支線であり、1929（昭和4）年8月に開業している。当初は貨物線であったが、1980（昭和55）年10月から、横須賀線の列車が通るようになり、その後に新川崎駅、西大井駅、武蔵小杉駅が開業している。1964（昭和39）年10月からは、並行して東海道新幹線も走るようになった。御嶽山駅は地上駅で北側には踏切が存在するが、南側は高架となっている。

　戦前にさかのぼれば、このあたりは大森区の調布嶺町だった。それ以前は、荏原郡調布村（後に東調布町）で、さらにさかのぼれば、嶺村となっていた。旧嶺村の村域には、かつての主要道の辻に置かれていた「嶺の四庚申」と呼ばれる、塞ノ神（庚申塔・塚）が残されている。大田区が発行した「歴史スポットマップ〜嶺町・鵜の木編〜」によると、まず、御嶽山駅に近い東嶺町42の1に「嶺の四庚申の1」がある。時計回りに行くと、その南、東嶺町31の嶺白山神社の境内には「嶺の四庚申の4」、鵜の木1丁目に「嶺の四庚申の3」、西嶺町26に「嶺の四庚申の2」が存在している。これらがかつての雪ヶ谷村、久ヶ原村、鵜ノ木村、下沼部村との境界で、この村の安全を担っていた。現在もこの御嶽山駅や多摩川線の沼部駅を含む、品鶴線の南北に広がる場所（北嶺町、東嶺町、西嶺町、田園調布本町、田園調布南など）は、大田区の嶺町地区と呼ばれている。

　この御嶽山駅から少し離れた西側、中原街道の南側は、1970（昭和45）年に大田区田園調布本町・大田区田園調布南の住居表示となっている。品鶴線・東海道新幹線の南側にあたる田園調布南には、都立田園調布高等学校が存在している。この学校は1950（昭和25）年に都立大田高等学校として開校し、1953（昭和28）年に現在の校名「田園調布」に改称した。この高校の卒業生には、脚本家の内館牧子氏、漫画家の植田まさし氏、宗教人類学者の植島啓司氏らがいる。

　田園調布高校の東側には大田区立東調布第一小学校、東調布中学校が存在している。また、西側には真言宗智山派の寺院、密蔵院がある。ここの創建年代は不明だが、鎌倉時代に前身の観音堂が建立されており、現在も7体の観音菩薩像が残り、雷を防いだ逸話から「雷止観音」と呼ばれている。

御嶽神社の鳥居

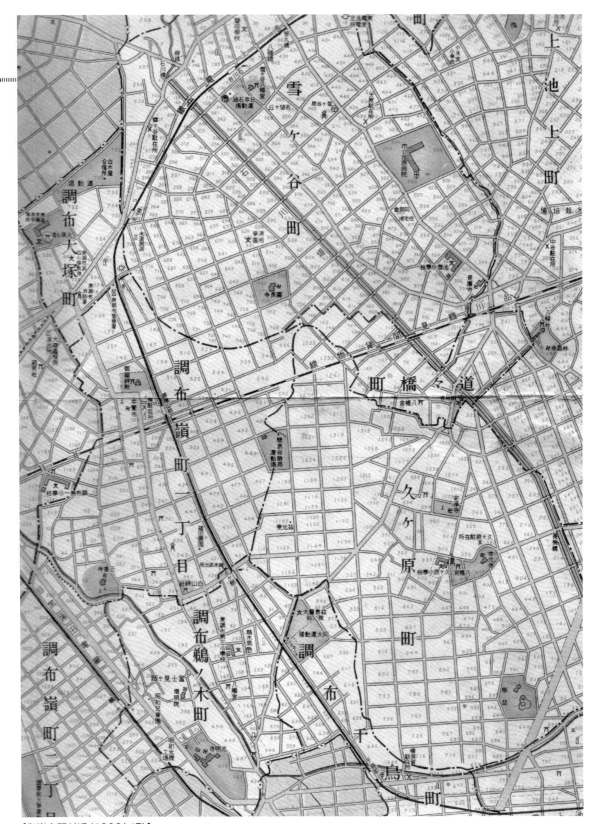

【御嶽山駅付近（1936年頃）】
池上線と品鶴線が交差する御嶽山（前）駅の地図で、大森区詳細図の部分である。この駅は1929（昭和4）年に「御嶽山前」から「御嶽山」に駅名を改称しているが、地図には元の駅名が記されている。駅の北西には駅名の由来となった御嶽神社が鎮座しており、南側には本覚寺がある。駅の東側には、簡易保険局運動場が存在していた。

御嶽山駅周辺

（左ページ上）帝国陸軍参謀本部陸地測量部発行「1/10000地形図」
（左ページ下）帝国陸軍参謀本部陸地測量部発行「1/10000地形図」
（右ページ上）建設省地理調査所発行「1/10000地形図」
（右ページ下）建設省国土地理院発行「1/10000地形図」

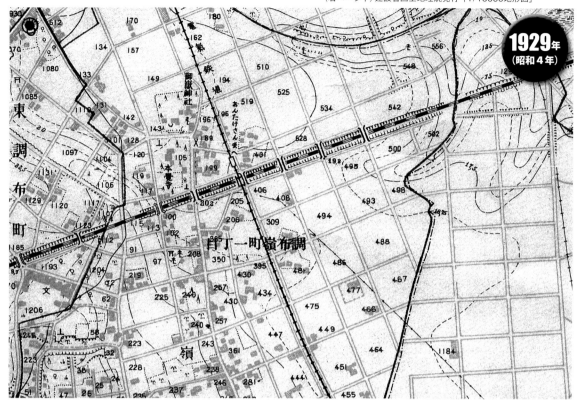

1929年（昭和4年）

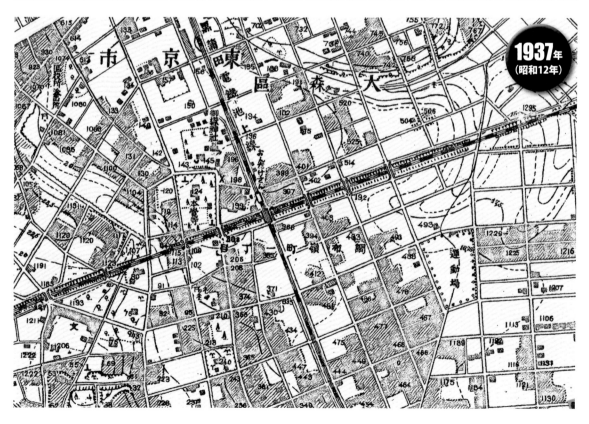

1937年（昭和12年）

この駅付近でまず目立っているのは、駅名の由来となった御嶽神社と本覚寺。付近には、この神社に参詣する人々を泊める宿もあったという。日蓮宗の寺院である本覚寺は、東嶺町の白山神社そばにあった本立寺を合併している。駅付近で交差する品鶴線は当初、貨物線だったが、1980（昭和55）年から横須賀・総武快速線の電車が走るようになった。付近に駅は設置されておらず、東京側では1986（昭和61）年に西大井駅が開業している。

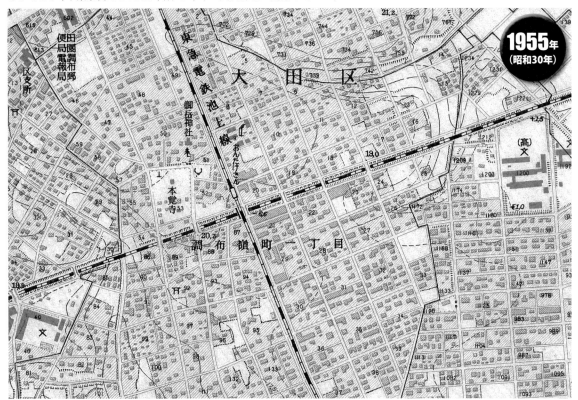

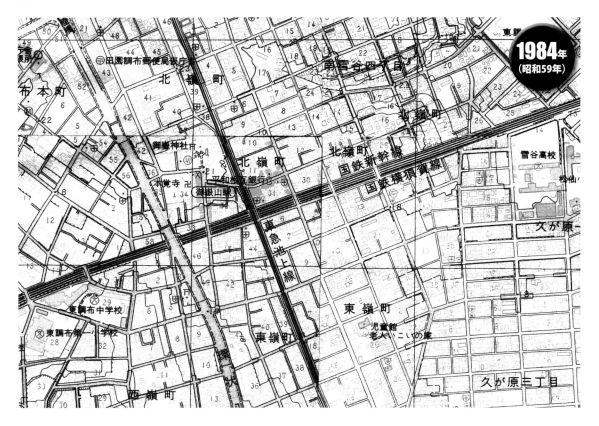

現在の大田区北嶺町に鎮座する御嶽神社は、戦国時代の創建とされる古社であり、江戸時代後期に木曽・御嶽山で修行した、神奈川県津久井村出身の一山行者が中興して、1831（天保２）年に現在も残る社殿が建てられた。境内には、一山行者を祀る一山神社や大鳥神社などの末社があり、ここを訪れる修行者たちが利用する水行堂も残されている。江戸から明治、大正にかけては、「嶺の御嶽神社に三度参拝すれば、木曽御嶽山に一回行ったのと同じ」といわれ、多くの信者が訪れた。（絵葉書４枚は大田区立郷土博物館提供）

御嶽神社の拝殿（昭和戦前期）

御嶽神社の末社（昭和戦前期）

御嶽神社の一山神社と水行堂
（昭和戦前期）

御嶽神社の神門（昭和戦前期）

【木曽御嶽山御案内明細図（昭和期）】
一山行者が修行した木曽・御嶽山は、長野県と岐阜県にまたがる霊峰で、最高点である剣ヶ峰の標高は3067メートル。信仰の山としても有名で、富士山、白山、立山とともに「三霊山」と称されることもある。剣ヶ峰の頂上には御嶽神社が祀られている。江戸時代に登拝道が整備されたことで、多くの人が登れるようになり、御嶽教と呼ばれる信仰が生まれた。これは、交通の便利さが進んだ昭和期に発行された御嶽山の案内図で、大衆化された信仰の山に至るルート、登山道が詳しく書かれている。

久が原駅

所在地：大田区南久が原２−６−10
開業：1923（大正12）年５月４日
キロ程：7.1km（五反田起点）　ホーム：2面2線
乗降人員：14,618人（2022年）

　現在は、都内有数の高級住宅地である久が原地区の玄関口となっている池上線の久が原駅。そのルーツは、池上電気鉄道が1923（大正12）年５月、池上〜雪ヶ谷（現・雪が谷大塚）間を延伸した際に開業した末広駅である。このとき、池上駅側にはもうひとつ、光明寺駅が設けられていた。この光明寺駅は1926（大正15）年８月に廃止され、新たに慶大グラウンド前（現・千鳥町）駅が開業する。1928（昭和３）年４月には、末広駅が東調布駅に改称。さらに1936（昭和11）年１月、東調布駅は「久ヶ原」に駅名を改称して、1966（昭和41）年１月、現在の駅名「久が原」と変わった。

　「末広」の駅名は、開業当時の地名である荏原郡調布村大字嶺字末広に由来している。その後、駅の所在地は調布村大字鵜ノ木となり、戦前の大森区調布鵜ノ木町をへて、現在は大田区南久が原２丁目と変わっている。みなみに廃止された光明寺駅は、調布村大字嶺字横須賀だった。また、「東調布」の駅名は、調布村が1928（昭和３）年に町制を施行して改称した東調布町に由来している。東調布町は、1932（昭和７）年に大森区に変わっている。このあたりの地名（村名）だった「鵜ノ木」は、西側を走る目黒蒲田電鉄（現・東急多摩川線）が目蒲（現・多摩川）線の駅名に採用し、現在は鵜の木駅となっている。

　「久が原」は、武蔵野台地の南の端（突端）である「久が原台」に広がる地域を指しており、駅の所在地はやや外れた南久が原２丁目に置かれている。地名としての「久が原」は、もともとは「木の原」で、「久河原」「久川原」となり、江戸時代には「久ヶ原」と呼ばれるようになった。現在は大田区に久が原１〜６丁目と、南久が原１・２丁目が存在する。1927（昭和２）年には久が原４〜６丁目に、弥生時代の住居跡である久ヶ原遺跡が発見され、ここで発見された山形文の土器は、弥生時代終わりごろの土器のモデルとして、「久ヶ原式土器」と呼ばれている。

　このあたりは水に恵まれた場所となっている。久が原２丁目にある本光寺は、日蓮宗の寺院であり、1597（慶長２）年に日能により創建された。境内には本堂とともに七面天女像が安置された七面堂があり、「七面堂の湧水」と呼ばれる湧き水が、地元の住民や飲食店で重宝される存在となってい

る。また、「清水坂」と呼ばれる地名が見られ、久が原４丁目には久が原清水坂児童公園も存在している。

　この久が原を語る上で忘れてはならないのは、伊藤家の邸宅にあった如意庵である。屋敷の主は明治の女傑、伊藤きんで、築地の料亭、新喜楽の初代女将を務めた。きんは、もともと吉原の花魁で、伊藤博文、福地桜痴ら多くの著名人と交流し、1875（明治８）年に日本橋浜町に料亭「喜楽」を開いた。この料亭は1898（明治31）年に築地に移り、現在に続く名料亭「新喜楽」となっている。1915（大正４）年に死去したきんが、晩年を暮らしたのがこの久が原にあった如意庵で、4000坪を超す邸内には歓喜閣、喜楽庵、如意堂などが建てられ、きんの銅像も置かれていた。伊藤邸は戦災で焼失したが、観音菩薩像を安置していた如意堂だけが焼け残って、戦後は野村証券の所有となり、現在は久が原２丁目の久が原会館の横で、「久が原出世観音」として公開されている。この本では106〜107ページで、戦前に撮影された絵葉書に残る邸内の風景を紹介した。

　久が原２丁目の北端には、日蓮宗の寺院、長照山樹林寺が存在している。ここは江戸初期に日義を開山として、当時の道々橋（どどばし）村に創建したと伝わる。道々橋村は江戸時代、呑川に架かる橋の修繕費用の問題で池上村から独立したが、その橋が道々橋となり、村名になったという。樹林寺の西側にあたる久が原１丁目には、道々橋八幡神社が鎮座している。道々橋村は1889（明治22）年、合併により再び池上村の一部となっている。

　また、現在は消えた施設としては、現在の大田区立大森第七中学校が存在した場所にあった、東京慈恵会医科大学（現・慈恵大学）の予科と運動場が挙げられる。この学校は1881（明治14）年に創立された成医会講習所をルーツとして、1921（大正10）年に大学とともに誕生し、大学は現在の港区西新橋、予科は現在の大田区南久が原に置かれた。しかし、戦災で校舎は失われ、池上線沿いに校門などがあった跡地は住宅地に変わり、一部は大森第七中学校となっている。

　駅から少し離れた西側、観蔵院の先には、「六郷用水復元水路」が存在している。六郷用水は江戸時代、多摩川を水源に世田谷領から六郷領に至る

用水路として築かれたものだが、農業用水としての役割は1945（昭和20）年に終えて、その後に埋められていた。しかし近年、大田区が丸子橋付近からこのあたり（鵜ノ木3丁目・西嶺町）にかけて、サクラの木などを植える歩道を改良し、水辺の散策路として整備した。この先の道を含む約5.7キロが遊歩道「旧六郷用水散策路」となっている。

ところで、この本の107ページでは「久ヶ原団地」の案内図・配置図を掲載している。この住宅地は、戦後の1956（昭和31）年に東急不動産の手で分譲されたもので、鉄筋コンクリート造2階建テラス型の共同住宅だった。この団地は当時の大田区久ヶ原町1222に存在しており、「久が原」の名称であったものの、品鶴線の北側にあって、最寄り駅は御嶽山駅、下車（徒歩）7分と書かれていた。ここの戸数は35戸で、価格は土地と建物を合わせた大きさによって、132万円〜173万円と設定。これは同時期に同じ東急不動産が手掛けた深

沢、武蔵小杉の団地と比べると、かなり割高となっていた。しかし、その後に大田区の住居表示の変更があり、1970（昭和45）年に北嶺町24・25と変わって、現在は建て替えが行われている。

なお、当時の久ヶ原町の南部（現・久が原5丁目）には、ほぼ同時期の1958（昭和33）年に日本住宅公団（現・UR）が売り出した「久ヶ原団地」も存在した。こちらは、「久ヶ原グリーンハイツ」と呼ばれる4階建12棟のアパートで、戸数が256あったが、1999（平成11）年に建て替えが完了し、14・15階建3棟で447戸が入ったマンション「ヒルズ久が原」に変わっている。この場所はもともと、戦後に日米協会会長などを務めた樺山愛輔伯爵の邸宅であり、戦前の大森区詳細地図（113ページ参照）では、米内内閣などで陸軍大臣を務めた畑俊六陸軍大将（元帥）が住む「畑邸」と記載されている。

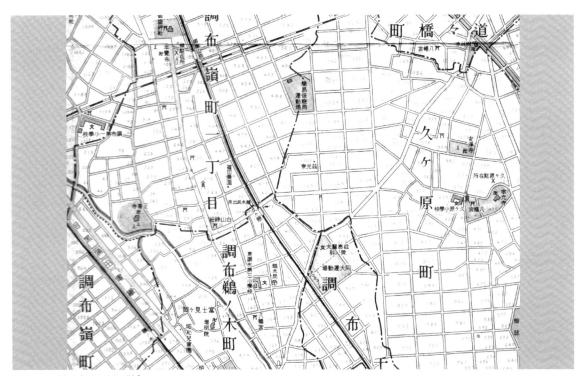

【久ヶ原駅付近（1936年頃）】
戦前の大森区詳細図における、久ヶ原（現・久が原）駅付近の部分である。駅南東の池上線の線路・道路沿いには、慈恵医科大学（現・慈恵大学）の予科・運動場・テニスコートが存在していた。当時の大森区久ヶ原町は、駅の東側に広がっており、久ヶ原小学校や久が原東部八幡神社（八幡宮）が見える。この北側、安詳寺付近に見える鳥居の地図記号は、久が原西部八幡神社である。

久が原駅周辺

（左ページ上）帝国陸軍参謀本部陸地測量部発行「1/10000地形図」
（左ページ下）帝国陸軍参謀本部陸地測量部発行「1/10000地形図」
（右ページ上）建設省地理調査所発行「1/10000地形図」
（右ページ下）建設省国土地理院発行「1/10000地形図」

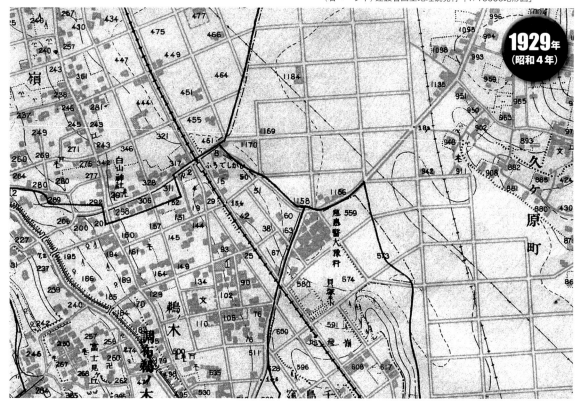

1929年
（昭和4年）

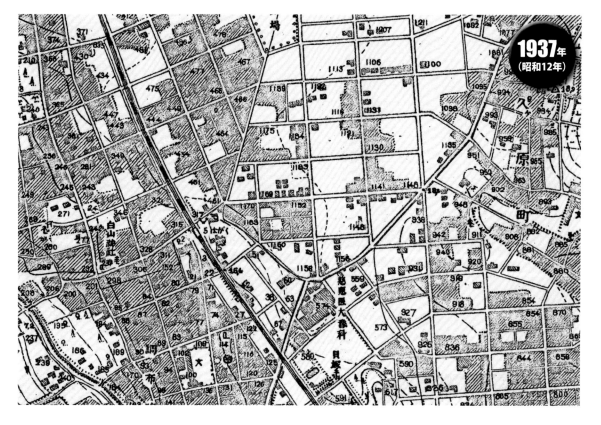

1937年
（昭和12年）

この地図に見える池上線の駅は、1923（大正12）年に末広駅として開業し、昭和時代に入ると東調布駅に改称。その後、久ヶ原駅になり、現在は久が原駅に変わっている。その中で、駅の設置当初は農地が多かった駅周辺は、都内でも有数の高級住宅地に変わっていった。駅の西側、環状八号線沿いには白山神社があり、付近には嶺稲荷神社も存在している。白山神社はこのあたり（東嶺町）の鎮守社で、古くは女体権現社と呼ばれていた。

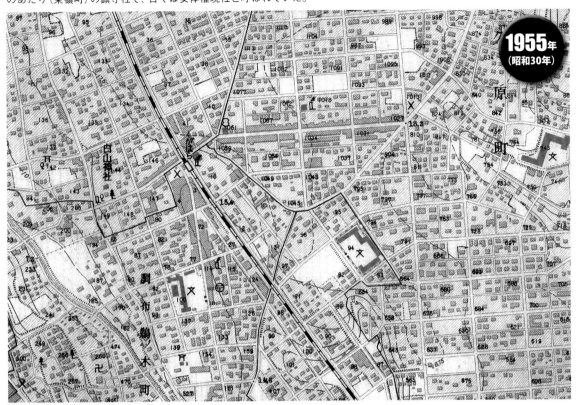

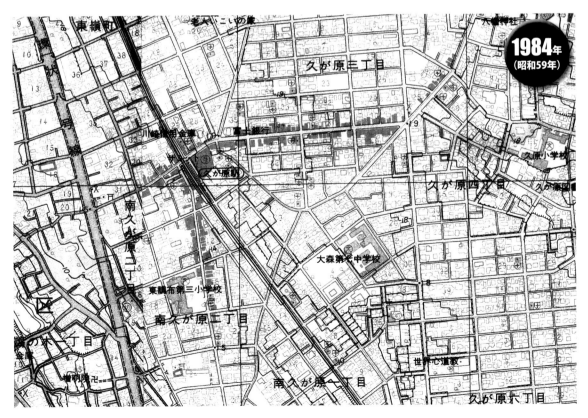

如意庵の正門（大正期）

如意庵の伊藤きん銅像（大正期）

如意庵の観音堂（大正期）

如意庵の中門（大正期）

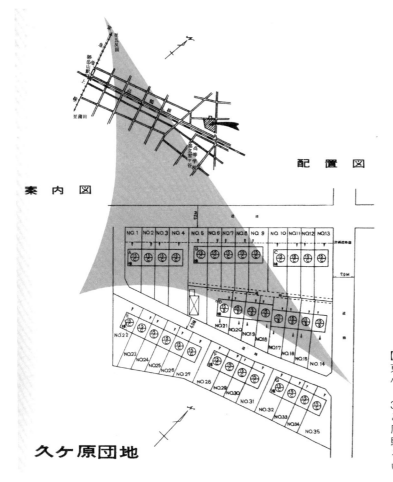

配 置 図

案 内 図

久ヶ原団地

明治の元勲、伊藤博文や井上馨、山県有朋らをもてなした、築地の名料亭「新喜楽」の創業者（女将）、伊藤きんが晩年、久が原の地に開いたのが別荘「如意庵」だった。伊藤きんは、伊藤博文がハルピンで暗殺されたことを悼み、奈良・吉野の如意輪寺の本尊・如意輪観世音菩薩を模した観音像を造り、これを収める観音堂（如意堂）を建立した。彼女の死後には、普茶割烹の店として営業していたが、太平洋戦争の戦災で邸内のほとんどの建物が失われて、唯一焼け残った観音堂と観音像が現在、「久が原出世観音」と呼ばれている。

【久ヶ原団地の案内図・配置図（1950年代）】
東急（不動産）が販売した、「久ヶ原　武蔵小杉　深沢Ｂ」の分譲住宅のパンフレット（部分）で、３つの住宅地は1957（昭和32）年春ごろに入居できるものだった。この「久ヶ原団地」は当時の大田区久ヶ原町1222番地にあり、最寄り駅は御嶽山駅、下車７分と説明されている。35戸ある住宅の敷地面積は20〜51坪となっていた。

相対式ホーム2面2線を有する御嶽山駅。これは五反田駅方面に向かう上りホーム側の駅舎で、現在もほぼ同様の外観で残っている。現在は蒲田寄りの線路の真下を東海道新幹線と品鶴線（横須賀線、湘南新宿ライン、相鉄・JR直通線）が走っている。
◎御嶽山　1961（昭和36）年4月17日　撮影：荻原二郎

クハ3863先頭の蒲田行。後ろはデハ3450形2両。写真が撮影された当時の池上線はデハ3450形またはデハ3550形にクハ3850形を連結したMMT編成が多かった。◎御嶽山　1972（昭和47）年4月19日　撮影：荻原二郎

デハ3100形デハ3106ほか2連。池上線の3両運転は1953（昭和28）年に始まり全列車が3両になったのは1956（昭和31）年である。デハ3100形はモハ100形として1925（大正14）年東京横浜電鉄開業に際し藤永田造船で製造された。半鋼製車の初期のもので、木造車のスタイルを踏襲していた。1957年池上線の昇圧で転出またはサハ化された。
◎御嶽山～久が原　1954（昭和29）年10月14日　撮影：荻原二郎

デハ3300形デハ3307先頭の五反田行。3307-3306-3308。◎御嶽山　1970（昭和45）年12月19日　撮影：荻原二郎

久が原駅の上り線、五反田駅
方面に向かうホームの様子。
本屋は道路に面している小さ
な広場風となっていた。左側
には赤いポストが、右側には
円型の交番がある。
◎久が原
1961（昭和36）年4月17日
撮影：荻原二郎

久が原は相対式ホーム。基本
的には今もあまり変わって
いない。蒲田行が到着する。
先頭クハ3850形クハ3856、
後ろの電動車はデハ3553と
3554と思われる。更新でノー
シル・ノーヘッダー全金属製
になっていた。
◎久が原
1972（昭和47）年4月25日
撮影：荻原二郎

この千鳥町駅には2002（平成
14）年11月まで、蒲田駅方面
への下り線（1番ホーム）に
改札口がなく、跨線橋による
ホーム間の連絡が行われてい
た。これは上り線（2番ホー
ム）だけにあった頃の駅舎で、
左右に電話ボックスと駅前売
店を備えている昭和時代おな
じみの改札口前の風景であ
る。
◎千鳥町
1973（昭和48）年
撮影：山田虎雄

正月には多くの初詣客が訪れる本門寺のお膝元の池上駅。観光地の駅にふさわしい横に長い駅舎と広い駅前広場を備えていた。この地上駅舎は昭和、平成と続いた後に改築されて、2020（令和2）年7月に橋上駅舎に変わっている。現在は5階建ての駅ビル「etomo池上」が開業している。
◎池上
1961（昭和36）年4月9日
撮影：荻原二郎

異端車のクハ1553。顔は京浜急行、帝都線（現在の井の頭線）、側面窓の上下幅も大きい。番号も東急の3000番台でなく小田急や帝都線の1000番台。クハ1553はもと帝都電鉄の車で1938（昭和13）年、日車製でクハ250形253として生まれ1947（昭和22）年に転出した。会社分離後も戻らずそのまま1963（昭和38）年車体更新でサハ3366に生まれ変わった。
◎池上
1961（昭和36）年4月13日
撮影：荻原二郎

池上線の中でも、大崎広小路駅に次いで乗降客数が少ない蓮沼駅。この頃はすでに駅舎の2階が増築されていた。多くの乗客が蒲田駅で国鉄（現・JR）線に乗り換えていたため、出札窓口の上には山手線を中心とした国鉄の運賃表、定期運賃表の大きな看板が掲げられている。
◎蓮沼
1961（昭和36）年4月9日
撮影：荻原二郎

千鳥町駅

所在地：大田区千鳥1－20―1
開業：1926（大正15）年8月6日
キロ程：8.0km（五反田起点）　ホーム：2面2線
乗降人員：13,955人（五反田起点）

　この池上線と多摩川線は、ともに蒲田駅を起終点駅とする東急の路線だが、その起源は池上電気鉄道と目黒蒲田電鉄というライバル会社の路線だった。そのため、千鳥町駅付近では両線の間は近く、多摩川線の下丸子駅、武蔵新田駅は至近距離に置かれている。この両線の間には環状八号線（都道311号）が通っている。

　千鳥町駅は1926（大正15）年8月、池上電気鉄道の慶大グラウンド前駅として開業している。慶大グラウンド前駅は当初、池上駅寄りにあったが、1927（昭和2）年6月の路線の複線化に伴い、西側に移転している。このとき、付近に置かれていた光明寺駅は廃止された。その後、1936（昭和11）年1月にさらに北西の現在地（千鳥1丁目）に移転して、「千鳥町」と駅名を改称した。「千鳥町」の駅名は、大森区調布千鳥町に由来する。もともとは荏原郡調布村で、1889（明治22）年に嶺村、鵜ノ木村、上沼部村などが合併して、調布村となっていた。その後、東調布町をへて、東京市に編入されて大森区調布千鳥町となった。現在、大田区には千鳥1～3丁目が存在している。駅の西側の環状八号線には、千鳥3丁目交差点が存在し、この千鳥3丁目の交差点のすぐ西側には、多摩川線の下丸子駅が置かれている。

　こうした駅の歴史、及び駅名の改称は、慶応義塾新田運動場（慶大グラウンド）の移転が影響しているが、1934（昭和9）年10月に行われた目黒蒲田電鉄（東京横浜電鉄）による池上電鉄の買収も大きく影響している。慶応義塾新田運動場は1926（大正15）年6月、当時の荏原郡矢口村（現・大田区千鳥2丁目）に開場している。工事の着工は1925（大正14）年5月で、開場前（着工の2か月後）に既にその名称を付けた駅が誕生したことになる。蹴球（サッカー）場と陸上競技場を兼ねたグラウンドと野球場があり、運動場開きの直後にはフィリピン野球団との親善試合が実施されたほか、東京六大学野球の公式戦も行われていた。しかし、日吉キャンパスに新しい運動場が建設されると、その存在は薄らぎ、用地は同潤会に売却されて、1939（昭和14）年に職工向分譲住宅「調布千鳥町第一・二」として分譲された。駅名については、その前に「慶応グラウンド前」から「千鳥町」に改称されたのである。

　ここで、かつてはライバル関係にあった現在の多摩川線の武蔵新田、下丸子駅についても触れておこう。目黒蒲田電鉄は、1923（大正12）年11月に新田駅を開業。半年後の1924（大正13）年5月に下丸子駅が開業した。この年4月（あるいは6月）には、新田駅は現在の「武蔵新田」に駅名を改称している。両駅の駅間も0.8キロとかなり短く、現在の千鳥町駅を含む3つの駅は、トライアングルを成す形の至近距離に位置している。このうち、南側の武蔵新田駅は慶応義塾運動場に近く、慶大グラウンド前駅との間で乗降客を奪い合っていた。しかし、池上電鉄が買収されると競合関係は解消に向かい、慶応グラウンド前駅の駅名改称、移転が実施されたのである。なお、武蔵新田駅は、矢口1丁目に鎮座する新田神社に参詣するための最寄り駅となっている。

　また、新丸子駅に近い場所にある光明寺は、平安時代に行基が開山し、空海が再興したと伝わる名刹で、「関東高野山」の異名でも知られていた。その異名通り、かつては真言宗であったが、鎌倉時代に浄土宗に変わって、現在も環状八号線沿いに広い境内を有している。付近には、目黒蒲田電鉄（目蒲線、現・多摩川線）が下丸子駅を設けていたが、これに対抗して池上電鉄が開業したのが光明寺駅だった。しかし、利用客は少なく、1923（大正12）年5月～1927（昭和2）年8月という、ごく短期間に存在した駅で終わった。

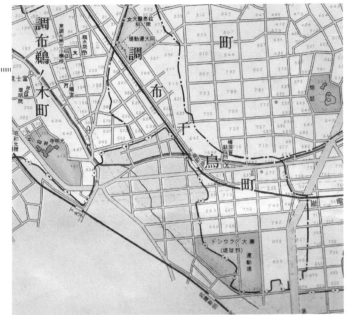

【千鳥町駅付近（1936年頃）】

戦前の大森区詳細図における、千鳥町駅付近の部分である。この駅は1936（昭和11）年に「慶大グラウンド前」から「千鳥町」に駅名を改称している。元の駅名の由来は、南側にあった慶応義塾大学の新田運動場である。一方、新しい駅名の由来は、地名である「調布千鳥町」から採られている。駅の東側に見える畑邸は、陸軍の畑俊六大将（元帥）が住んでいたが、現在も湧水がある池が存在し、「ヒルズ久が原」が建てられている。

【慶大グラウンド前駅付近（1932～34年）】

こちらは戦前の蒲田区詳細図における、慶大グラウンド前駅付近の部分である。この右側に「池上電鐵」の文字があることから、目黒蒲田電鉄に吸収される1934（昭和9）年以前のものと推定される。ここでは、ライバル会社の路線だった目蒲（現・多摩川）線の武蔵新田駅が、慶大グラウンド（慶大運動場）に近い場所にあることが示されている。

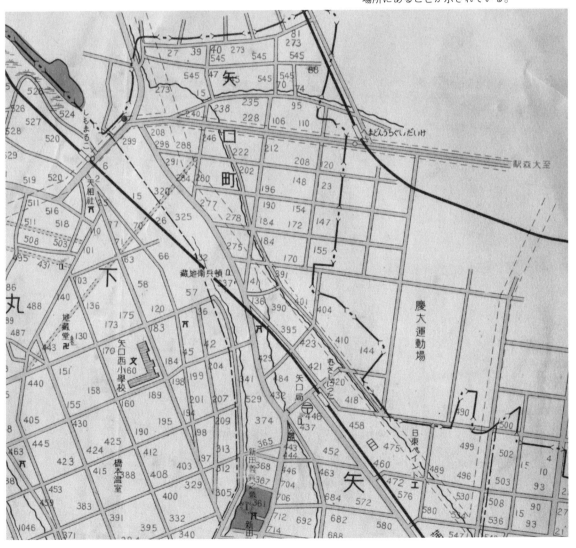

千鳥町駅周辺

（左ページ上）帝国陸軍参謀本部陸地測量部発行「1/10000地形図」
（左ページ下）帝国陸軍参謀本部陸地測量部発行「1/10000地形図」
（右ページ上）建設省地理調査所発行「1/10000地形図」
（右ページ下）建設省国土地理院発行「1/10000地形図」

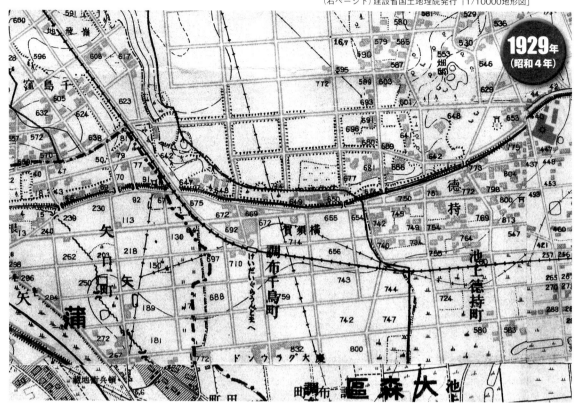

1929年（昭和4年）

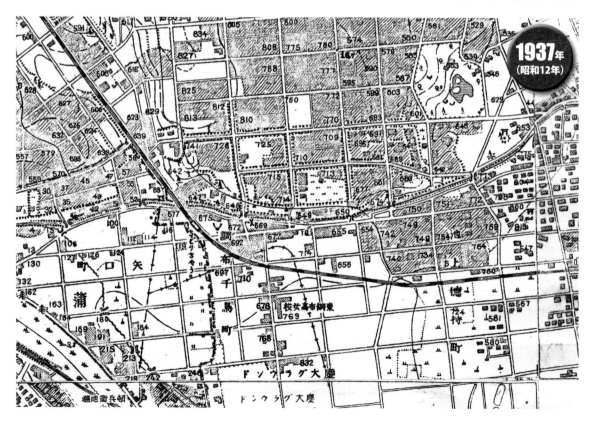

1937年（昭和12年）

現在の千鳥町駅付近の４年代の地図では、池上電気鉄道（現・池上線）の駅名や位置が変化し、第二京浜国道（現・国道１号）が開通するなどの変化が見られる。「千鳥（町）」の地名は主として駅南側に広がっているが、駅西側にあたる現在の千鳥３丁目は、矢口町となっていた時代がある。1932（昭和７）年に東京市に編入されて、蒲田区に変わる前の荏原郡矢口町は、明治以前からの蓮沼村、安方村、下丸子村などを含む広い範囲にわたっていた。

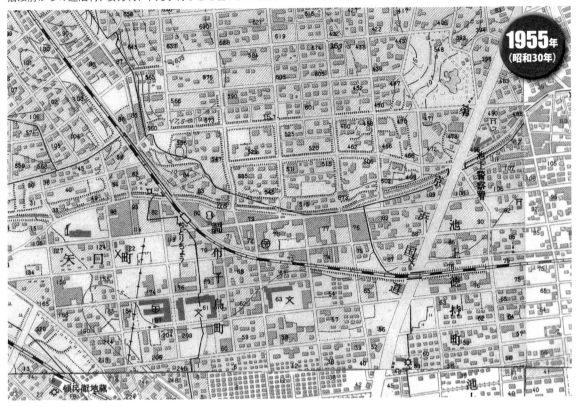

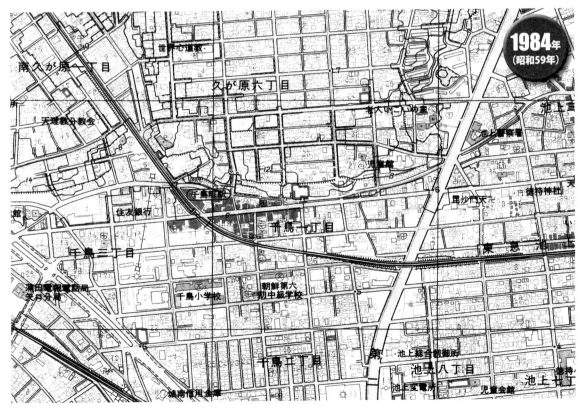

第32回 第二調布千鳥町
━━✦ 頁 付 開

調布

要　旨

工場に働く工員諸君にとつて落付きのある明るい住宅を持つことは何よりの慰安であり斯うした住宅に依つて充分の休息を取ることによつてのみ明日の力強い活動を期待し得るのであります。

而も本會の分譲住宅は政府の低利資金により建設したものでありますから普通の家賃程度の賃料を拂つて居れば**土地も建物も自分のものとなる**ので賃料とは言へ貯蓄をするのと殆ど同様であります。

殊に今回は建設地附近の住宅難に鑑み大部分貸間付としました。

現場を御覧の上奮つて御申込下さい。

分譲方法　本住宅の

甲　賃料の約三ケ月分
　　の全額を二十年

乙　最初に建物工事費
　　敷地費を二十年

◎ **展覧會**　5月
　　　　賞地

場所…大森區千鳥町モ八三番地
（元慶應大學グランド跡）
池上電車千鳥町下車南町
目蒲電車武蔵新田下車東亍

調布千鳥町第一期分譲住宅

【第二調布千鳥町住宅地パンフレット（1940年）】
同潤会が売り出した「第二調布千鳥町土地付分譲住宅」のパンフレット（ちらし）である。同潤会の会長は、米内内閣の厚生大臣だった吉田茂（後の首相）が務めていることから、1940（昭和15）年に発行されたもので

付分讓住宅

裹住宅

申込に付て

1. 申込所

同潤會貸付課分讓掛（市電虎の門下車）

2. 申込者の資格

工場勤務の勞務者で家屋を所有してゐない方に限る。

3. 貸付の特別條件

三室以上の住宅には御自分で選んだ獨身職工を本會の指定する方法で３年間
同居させる事、但し家族數の多い場合又は其の狀況に應じ酌量致します。

（裏面參照）

4. 保證人の資格

保證人は一名で勤務先の上長、又は東京府、神奈川、埼玉縣下に在住し信用
確實な方。

5. 申込期間

昭和15年5月17日迄

6. 其の他

● 本住宅の竣工期は次の三期に分れます。

第一工區……………５月下旬
第二工區……………６月下旬
第三工區……………４月下旬

● 本案内書及び申込用紙は郵券３錢封入御照會次第送ります。
● 申込書御提出の場合は必ず本人又は家族が御持參の事。
● 申込の際は國民登錄手帖（又は健康保險證）御持參の事。
● 第一工區は６月第二工區は７月第三工區は５月中に通知が無かつた方は選外
と御承知下さい。

二種類です。

め建物工事費及敷地費
もの。

として納めその殘額及
もの。

覽會開催ノ上

至蒲田

本會概況

事業項目

アパートメント・ハウス經營	15ケ所	2,447戶
木造普通住宅の經營	11ケ所	3,032戶
分讓住宅の建設	31ケ所	1,242戶
不良住宅地區改善事業	3ケ所	622戶
受託事業		
建設中の工場勞務者向分讓住宅	第二鶴見住宅	125戶
	第二板橋住宅	107戶
	川崎塚越住宅	135戶

主なる役員

會長	厚生大臣	吉田　茂
副會長	厚生次官	兒玉政介
理事	厚生省社會局長	新居善太郎
專務理事		宮澤小五郎

申込所　財團法人

同潤會

東京市麴町區霞關三丁目三番地四號

電話銀座(57)代表六壹壹壹(5)

ある。パンフレットに描かれた地図によれば、この住宅地は、千鳥町駅の前名「慶大グラウンド」の由来となっ
た施設、慶大グランド跡地が売り出されていたことがわかる。なお、ここは工場労務者向けの分譲住宅地だった。

池上駅

所在地：大田区池上6−3−10
開業：1922(大正11)年10月6日
キロ程：9.1km(五反田起点) ホーム：2面2線
乗降人員：32,969人(2022年)

池上駅は日蓮宗の大本山、池上本門寺の玄関口であり、池上電気鉄道は1922(大正11)年10月6日、この池上駅と蒲田駅の間の路線を開業している。池上電鉄は、本門寺の参詣者を輸送することを大きな目的としていたが、日蓮宗では宗祖の日蓮が入滅した10月13日に合わせて「御会式」と呼ばれる大法会を行っており、工事を急いだものの、単線で開業した。このときは起終点駅であり、中間駅としては蓮沼駅が置かれた。1923(大正12)年5月に雪ヶ谷(現・雪が谷大塚)駅まで延伸したことにより、中間駅に変わっている。また、このときに単線から複線になったことで、池上駅を含む区間の曲線が緩和されて、駅の位置も西側にずれて、相対式ホーム2面2線の駅舎となった。その後の長い間、地上駅だった駅舎は近年、橋上駅舎に変わって、駅ビルの2階に改札口が設けられている。現在の所在地は大田区池上6丁目である。戦前、大森区時代の池上駅は、旧徳持村だった池上徳持町に置かれていた。

この地域の中心である本門寺に触れる前、戦前の地図でもわかるように駅の南側に存在した池上競馬場について書いておきたい。池上競馬場は1906(明治39)年に開設された競馬場で、1910(明治43)年に目黒競馬場に統合されるまで、春と秋の競馬シーズンにレースが開催されていた。この競馬場は、水田跡に造られたため、土を盛ってコースを整備して、外側には水濠が設けられていた。昭和時代の地図を見ても、競馬場跡を囲むように水濠が残っていることがわかる。なお、スタンド(馬見場)は駅に近い北側に設けられていた。競馬場の跡地はその後、周囲の土地とともに耕地整理がなされて、住宅地として分譲されており、競馬場の面影は全く消えている。

さて、本門寺は鎌倉時代の1282(弘安5)年、日蓮が入滅(死去)した場所である。この年、日蓮は身延山から病気療養のために常陸の湯に向かう途中、武蔵国池上郷の郷主、池上宗仲の館に立ち寄り、そのまま61歳の生涯を終えた。日蓮はここを長栄山本門寺と名付けており、池上宗仲が法華経の字数に合わせた約7万坪の土地を寄進したことが、本門寺の起源となっている。寺の西側、池上氏の館があった場所は本門寺の子院・本行寺となった。本門寺は関東武士の崇敬が篤く、江戸時代には紀伊徳川家の祈願寺となって栄えた。明治維新の際には、江戸を攻撃する新政府軍の本陣が置かれ、ここを訪れた勝海舟と西郷隆盛の会談が松涛園で行われ、江戸城無血開城が成立するという歴史の舞台にもなった。また、この寺の墓地には、紀伊徳川家や熊本藩細川家の墓所があり、力道山や幸田露伴、永田雅一ら著名人の墓があるほか、加藤清正の供養塔も残されている。

この寺の広大な境内には大堂(祖師堂)、釈迦堂、鐘楼など多くの堂宇が存在したが、五重塔、総門、経堂、宝塔以外は、太平洋戦争の空襲で焼失している。戦後、旧国宝だった山門に代わる仁王門、大堂、本堂、鐘楼などが再建されている。広い境内の西側には、本行寺などの子院が置かれ、また、東側は大田区立本門寺公園となっている。この本門寺公園は1938(昭和13)年に東京市の公園として開園し、戦後に大田区に移管された。また、南側の参道脇には、大田区立池上小学校が存在している。池上小学校は、1878(明治11)年に本門寺の境内にある理境院本堂を借りて開校した、東京府第二中学区31番池上小学校がルーツである。また、境内の北西には、大田区立池上梅園公園が存在している。

明治時代の池上には、もうひとつ有名な名所が存在した。それは池上温泉で、曙(明ぼの)楼ほかの料亭・旅館があり、梅の名所としても有名だった。作家の田山花袋が記した「東京の三十年」では、「池上の明ぼのは、丁度その台地の崖に憑つてつくられてあるやうな形になつてゐた。此処の梅もかなり見事だ」と書かれている。曙楼は1886(明治19)年に実業家、河野実成が開業したもので、広さは約2000坪。台地の高低差を利用して、12棟の建物が廊下で結ばれていた。ここには伊藤博文らの政治家や文人墨客も多く訪れ、花袋も書いているように、主人の趣味が高じた娘義太夫のもてなしもあったという。明治から大正にかけては大いに賑わったが、関東大震災を機に規模が縮小され、昭和初期に廃業している。その跡地には現在、日本キリスト教団大森めぐみ教会、めぐみ幼稚園などが建てられている。

あとになったが、「池上」という地名と池上氏の関係についても触れておきたい。日蓮が訪れた時代に池上郷の郷主だった池上氏は、鎌倉幕府の

作事奉行だった武士、池上左衛門大夫の息子で、先祖は平将門の乱の平定のために都から派遣された鎮守府副将軍、池上（藤原）忠方とされる。忠方は下向した関東において、この洗足池付近に住んで、池上氏を名乗ったとされる。宗仲が日蓮宗の熱心な信者となり、日蓮を保護したことは先に述べた通りである。子孫は代々、農業を続けながら、江戸時代には多摩川の河口付近で新田開発や塩田の経営などを行っている。このとき開発された池上新田は現在、川崎市川崎区の「池上新町」「池上町」となっている。また、宗仲が創建した子安八幡神社は当初、本門寺の境内にあったが、1581（天正9）年に上池上山（現・仲池上1丁目）に遷座して、池上郷の鎮守社となってきた。

「池上」の地名の由来には、池上氏の館があったことからここの地名が「池上」になったという説がある一方で、かつては広大だった洗足池（大池）の上（方）にあったからという説、池があり亀が多くいたことから「池亀」と呼ばれて、そこから転訛したという説などがある。「池上」の地名は、現在の洗足池の南側から池上駅付近まで、かなり広い地域で使用されてきたようだ。江戸時代には大きな池上村があり、やがて下池上村と池上村になり、また、道々橋村なども分かれて存在してきた。1889（明治22）年の市町村制施行に際して、下池上村と池上村は、道々橋村、石川村、雪ヶ谷村、徳持村などを含む10村で一緒になって、荏原郡池上村となっている。このとき、旧池上村の一部は馬込村に編入されている。新しい池上村は1926（大正15）年に町制を施行して池上

町となり、1932（昭和7）年に荏原郡が東京市に編入された際に大森区の一部となった。この前後、こうした村の飛び地が整理されて、現在のような住居表示（地名）が徐々に成立していく。戦前の大森区時代の地図を見ると、洗足池の南西に「池上洗足町」、その南側に「上池上町」、さらに「池上本町」があり、池上駅付近には「池上徳持町」があったことがわかる。

ところが、戦後、大森区と蒲田区が合併して大田区に変わり、1960年代後半に徐々に住居表示が実施されると、大きな変化が起こってきた。まず、1967（昭和42）年に下池上地区（池上本町）が「池上」となったことで、上池上地区は「上池台」「仲池上」という名称になった。これを現在の地図にあてはめると、洗足池の南東に「上池台」、その南には「仲池上」、そして本門寺付近に「池上」の住居表示が使われている。従来は洗足池に近い北側にあった地名「池上」が、徐々に南側に下がってきたといわれる所以である。なお、現在の「池上」の住居表示は、池上駅を挟んで南北に広がっており、池上1～8丁目が存在している。

【池上駅付近（1936年頃）】
戦前の大森区詳細図の池上駅付近の地図であるが、この頃はまだ、南側の池上競馬場の濠の跡がくっきりと描かれている。一方、北側で緑色に示されている本門寺の境内において、南東部分に「あけぼの（曙楼）」の文字が記されている。また、池上小学校がある境内の南側には、池上郵便局や池上信用組合、羽田銀行支店などがあり、この地域の商業の中心であったことが示されている。

池上駅周辺

（左ページ上）帝国陸軍参謀本部陸地測量部発行「1/10000地形図」
（左ページ下）帝国陸軍参謀本部陸地測量部発行「1/10000地形図」
（右ページ上）建設省地理調査所発行「1/10000地形図」
（右ページ下）建設省国土地理院発行「1/10000地形図」

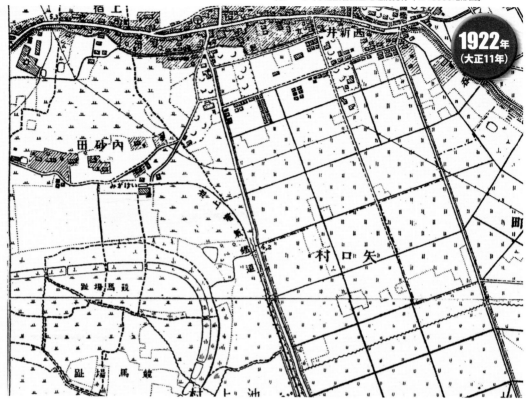

1922年（大正11年）

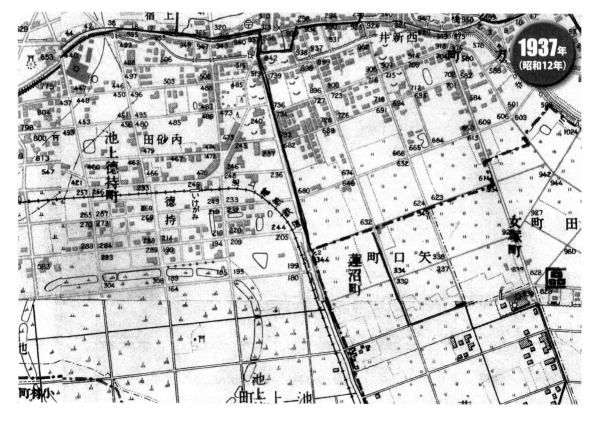

1937年（昭和12年）

田圃の中に池上競馬場の跡地が残っていた池上駅南部の地図である。やがて、その濠の跡が消えてゆき、住宅地に変わっていった様子が見て取れる。その中で、池上駅が終着駅だった池上電気鉄道は、北側の洗足池、五反田駅方面に路線を延ばしていった。現在、西蒲田2丁目に校地を有する都立大森高校は、太平洋戦争中に府立第二十三中学校として千代田区内で開校し、1947（昭和22）年に現在地に移転し、その後に校名を改めている。

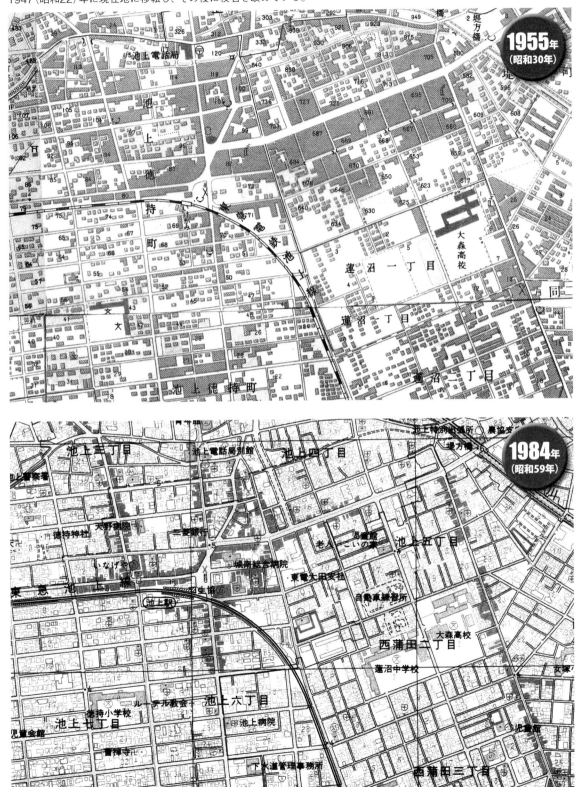

【池上長永山本門寺略図（1824年）】
江戸時代後期の1824（文政7）年に発行された木版、墨摺りの「池上長栄山本門寺図」。仁王門を中心として、本門寺の境内の様子が詳しく描かれている。参道を進んだ先には惣門があり、石段を上って、仁王門から釈迦堂、祖師堂に至る。さらにその奥に本院、宝蔵などが存在していた。提供：大田区立郷土博物館

【大日本帝国武陽池上本門寺全図（1887年）】
先に紹介した江戸時代の境内図とは異なり、こちらは銅版画による明治時代の境内図である。より細かい線による細密な描写で、楼門（仁王門）、本堂、祖師堂、客殿、宝蔵、五重塔などが描かれている。これらの伽藍の多くが太平洋戦争の空襲で失われ、戦後に復興されている。提供：大田区立郷土博物館

武陽日蓮本門寺
池上本門寺全図

HONMONZI.
IKEGAMI MUSASHI

武家屋敷
机と向ひて見ぬ
空お流り

蕪村

【池上本門寺会式の図
（明治後期）】
「風俗画報 東京近郊名所
図会」に掲載されている、
石版画「池上本門寺会式
の図」。本門寺の境内から
続く人の波は、池上の門前
町にあふれ出して、料理
店なども賑わっている様
子がうかがえる。毎年10
月に行われる「（御）会式」
は、日蓮宗の宗祖である日
蓮の命日に合わせた法会
であり、宗教的な要素をも
ちながらも、次第に賑やか
な祭礼的な行事になって
いった。

戦前に存在した伽藍の様子がうかがえる本門寺の絵葉書である。多くの建物は太平洋戦争の空襲で焼失したが、五重塔、総門（惣門）、（多）宝塔、経蔵は戦災をまぬがれた。江戸時代の元禄年間に建てられた総門には、本阿弥光悦による「本門寺」の扁額が掛けられていた。五重塔、宝塔は国の重要文化財となっている。

本門寺　総門前（明治後期）

本門寺　祖師堂（昭和戦前期）

本門寺　総門（明治後期）

本門寺　五重塔（明治後期）

本門寺　多宝塔（明治後期）

本門寺　仁王門（明治後期）

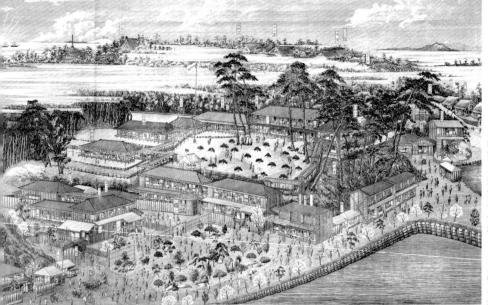

【池上温泉場盛栄之図
（1887年）】
明治期に優れた石販画・銅版画を残した版画家、梅村翠山が描いた「池上温泉場盛栄之図」で、池上にあった温泉旅館「曙（明ぼの）楼」ほかの様子が詳しく描かれている。背景には本門寺の山門、釈迦堂、祖師堂などがあり、左手奥には朝日の海に浮かぶ帆船も見える。広い敷地を有していた「曙（明ぼの）楼」のほかにも、栄泉楼や光明楼といった旅館の存在が確認できる。
提供・大田区立郷土博物館

曙楼　門前　自動車
　（明治後期）

曙楼　全景（明治後期）

【曙楼　娘義太夫（明治後期）】

江戸から明治にかけて、庶民の間で大流行した義太夫。明治時代には、女性が語る「娘義太夫」が寄席芸としてもてはやされた。「娘義太夫」は、「女義太夫」とも呼ばれ、妙齢の女性一座の面々が義太夫節を語るもの。曙楼の主人はこの娘義太夫に入れ込んで、自らの旅館の売り物としたが、娘義太夫の流行はすぐに衰えてしまったようだ。

曙楼　座敷前（明治後期）

曙楼　庭園通路（明治後期）

池上本門寺ヨリ池上住宅地ヲ望ム

池上委託分譲地

第一回委託土地分譲面積五千坪

委託總面積　壹萬坪

位置　會社分譲地隣接地

賣價　（坪）二十四圓・二十七圓均一賣出

區劃　九十坪より百二十坪まで三十六區劃

道路下水　道路、下水溝完備

臺地　地上面より約一尺五寸盛土、區劃大谷石積工事完整

代金支拂　契約の際賣價の三割乃至五割を拂込、所有權移轉登記の上殘額は日本勧業銀行東京支店にて抵當權設定の上十五ヶ年賦償還

【池上住宅地案内（1930年代後半？）】
かつては池上競馬場が存在した池上駅の南部（蒲田区池上徳持町）において、目蒲・東横電鉄株式会社（現・東急）が開発した池上住宅地の案内パンフレットである。2つの地図とともに周辺の写真も掲載されており、分譲の計画も詳しく示されている。最寄り駅の池上駅と東京駅との間の所要時間は25分という便利さが特筆されている。提供：大田区立郷土博物館

驚異的格安第二回土地賣

池上驛……東京驛間所要時間二十五

池上驛東京驛間一ケ年定期五十圓六十錢（一ケ月當り四圓）

第一回賣出土地壹萬五千坪一ケ月ヲ以テ賣

整地之一部

當池上住宅地は弊社池上線池上驛前二町乃至四町にして交通の至便なること他の住宅地の追從を許さゞるもの、尚省線大森驛にも弊社經營乘合自動車を通じ都心よりの距離を最も短縮せる實用的住宅地であります。

第一回分讓地は昨年秋期に壹萬五千坪の賣實を開始し約一ヶ月間に全部の賣約を爲し、盛況裡に終了致しました事を厚く御禮申上げます。

今回第二回分讓地として提供せんとする當住宅地は第一回と同樣廉價奉仕提供地にして、沿線開發の大方針に基き破格を以て提供する次第であります。

總面積 三萬坪 第二回 特價賣出要項

第一回賣出面積壹萬五千坪……賣約濟

第二回賣出土地壹萬五千坪

賣　價　　二十五圓・二十八圓・均一賣出
九十五圓より百三十圓まで百二區割

區　割　二十五圓より三十坪まで百區割

代金仕拂　契約の際一割を拂込殘額を三ヶ年以上十ヶ年の月賦又は半ヶ年賦拂
住宅資金とし總額の七割迄總額千五百圓以内の御融通の特典があります

建築資金　池上驛より幹線道路舗装、其他玉川砂利撒布、下水溝完備

道路瓦斯地　水道管、瓦斯管布設
地上面より約二尺五寸盛土の上區割大谷石積工事完整

整水道

池上住宅地平面圖

第一回賣出地

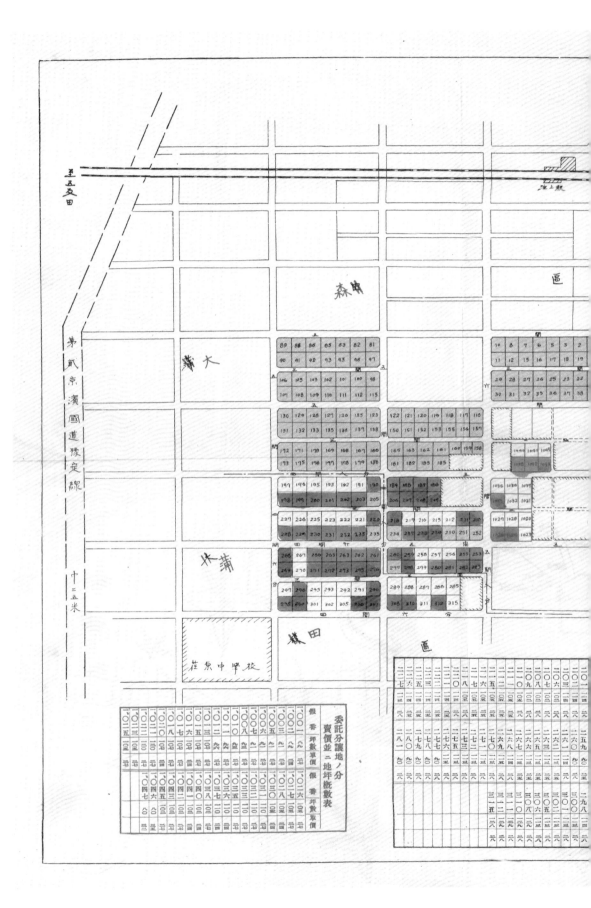

【東京市大森区池上徳持耕地整理組合全図（1942年）】
第二京浜国道（現・国道1号）が開通している、現在の大田区池上
地区の南部を描いた「東京市大森区池上徳持耕地整理組合全図」
である。数字の42・43が見える場所には、戦後の1952（昭和27）
年、大田区立徳持小学校が開校することになる。この学校の校歌は、
作曲家の古関裕而が作曲している。提供・大田区郷土博物館

【池上住宅地平面図（昭和戦前期）】
西側に第二京浜国道予定線が描かれている、池上住宅地平面図である。
東京横浜電鉄・目黒蒲田電鉄田園都市課が売り出したもので、小さな区
画は、既に譲渡済のもの、同社所有地、委託分譲地に分けられている。
左下に見える荏原中学校は、1904（明治37）年に旧制中学として開校し、
戦後の1949（昭和24）年に荏原高等学校と変わり、1966（昭和41）年に
日本体育大学荏原高等学校となっている。

蓮沼駅

所在地：大田区西蒲田7−17−1
開業：1922（大正11）年10月6日
キロ程：10.1km（五反田起点）　ホーム：2面2線
乗降人員：7,508人（2022年）

　池上駅を出た池上線は、大きくカーブして南の蒲田駅方面に向かって進んで行く。最後の中間駅となっているのが蓮沼駅で、ここから蒲田駅までは0.8キロの距離である。お隣の池上駅までは、戦前は大森区だったが、この蓮沼駅からは蒲田区となっていた。現在の駅の所在地は、大田区西蒲田7丁目だが、古くは荏原郡矢口町であり、さらにさかのぼれば蓮沼村だった。「蓮沼」という駅名、地名は、その名の通り「蓮が生えている沼」が由来であり、このあたりが多摩川左岸の湿地帯であったことを示している。大正期の地図を見れば、駅周辺にも多くの農地が残っていたことがわかる。蓮沼の地名は、全国各地にあって、都営三田線には板橋区内に本蓮沼駅が置かれている。

　戦前の地図を見ると、この蓮沼駅の付近には、なかなか魅力的な地名（町名）が散見できる。それは駅東方の「女塚（おなづか）町」であり、西方の「安方町」や南方の「道塚町」で、これらはこのあたりに古くからあった村の名前である。このうち、「女塚」については現在、手掛かりとなる女塚神社が残されている。女塚神社は、1888（明治21）年、京浜間の鉄道開通の際に、現在の蒲田駅東口あたりに鎮座していた八幡社がここ（旧女塚村）に遷座し、村の鎮守となる女塚神社を名乗った。もともと、ここには「女塚」と呼ばれる古墳があり、葬られている人物については諸説があるものの、新田義興の侍女である少将局という説が広く知られている。南北朝の戦乱時に南朝方として戦った義興は、多摩川の矢口の渡しで謀殺されたが、そのときに殉じた少将局を地元民が祀ったと伝えられている。義興については、武蔵新田駅に近い新田神社に祀られており、この伝説は歌舞伎の「神霊矢口渡」となって、広く知られている。義興の故郷、群馬県の新田郡（現・伊勢崎市）にはかつて同じ名称の女塚村が存在していた。

　また、「道塚」については、戦前に存在していた目蒲線の旧ルート上に道塚駅が存在したことで知られている。この道塚駅は、もともと本門寺道駅と呼ばれていたが、1936（昭和11）年1月に「道塚」に改称している。「本門寺道」とはその名の通り、池上本門寺の参道のことである。また、「道塚」とは、鎌倉街道に小鳥塚または独鈷塚という塚があったことが、地名（村名）の由来という。こ

のあたりの道塚村、安方村は、蓮沼村などとともに矢口村（町）の前身のひとつであり、前述の女塚村は蒲田村（町）の前身のひとつである。

　駅の北東には、平安時代の寛弘年間（1004〜12年）に恵心僧都源信が草創し、鎌倉時代の嘉禄康元年間（1225〜57年）に蓮沼法師（荏原兵部有治）が中興した、真言宗智山派の寺院、蓮花寺が存在する。江戸時代には福田山蓮花院蓮華寺と呼ばれていたが、現在は福田山蓮沼院蓮花寺となっている。また、駅の南東に鎮座する御園神社は、女塚神社と同じ、1888（明治21）年、京浜間の鉄道開通の際、現・蒲田駅東口付近に鎮座していた八幡社が遷座してきて、御園村の鎮守となった。この御園村も蒲田村（町）の前身のひとつである。

　蓮沼駅の構造は、相対式ホーム2面2線を有する地上駅で、かつては構内踏切があったが、現在はホーム間の連絡通路は設けられていない。なお、開業当初は単線でホームは1面のみだった。起終点駅の蒲田駅と距離が近いこともあって、乗降客数は池上線の中でも、大崎広小路駅に次いで少なくなっている。

女塚神社の拝殿。元々は蒲田駅近くの旧女塚村にあったが、明治5年の東海道線敷設のために現在地に遷座され、女塚神社と改称された。

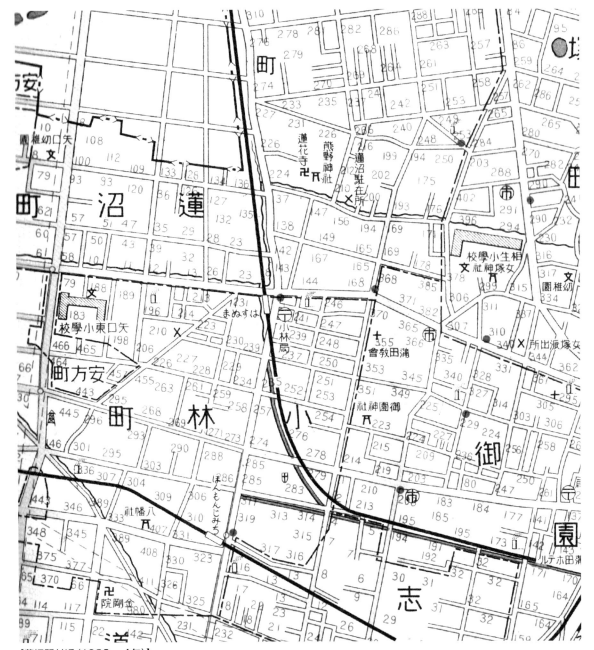

【蓮沼駅付近（1932〜4年）】

蓮沼駅の北側には、蓮花寺と熊野神社が存在している。現在、このあたり一帯は「西蒲田」となっているが、この頃は蒲田区に「蓮沼町」があったことがわかる。御園神社に由来する「御園町」や「小林町」も存在していた。また、駅の東側、相生小学校と並んで見える女塚神社は、女性が埋葬されている古墳（円墳）「女塚」に由来しており、明治中期に女塚神社と呼ばれるようになっている。

蓮沼駅周辺

（左ページ上）帝国陸軍参謀本部陸地測量部発行「1/10000地形図」
（左ページ下）帝国陸軍参謀本部陸地測量部発行「1/10000地形図」
（右ページ上）建設省地理調査所発行「1/10000地形図」
（右ページ下）建設省国土地理院発行「1/10000地形図」

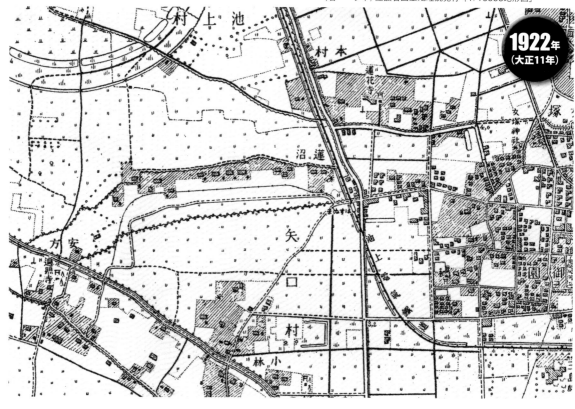

1922年（大正11年）

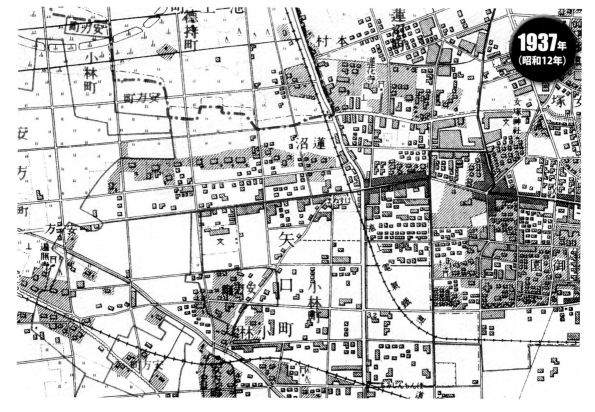

1937年（昭和12年）

蒲田駅側から延伸していった池上電気鉄道（池上線）に対して、目黒蒲田電鉄（目蒲線）は目黒方面から開通してきた。現・池上線の蓮沼駅にやや遅れて、1923（大正12）年に現・目黒線の矢口駅が開業し、1930（昭和5）年に現在の駅名「矢口渡」に改称している。また、かつて矢口〜蒲田間に存在していた本門寺道駅は、1936（昭和11）年に道塚駅に改称した後、蒲田駅に乗り入れる新線に移行したことにより、戦後に廃止された。

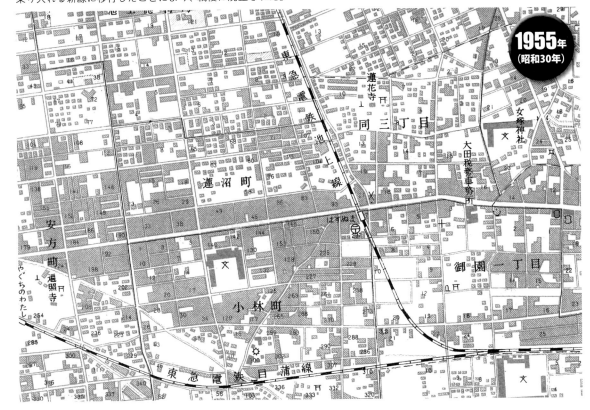

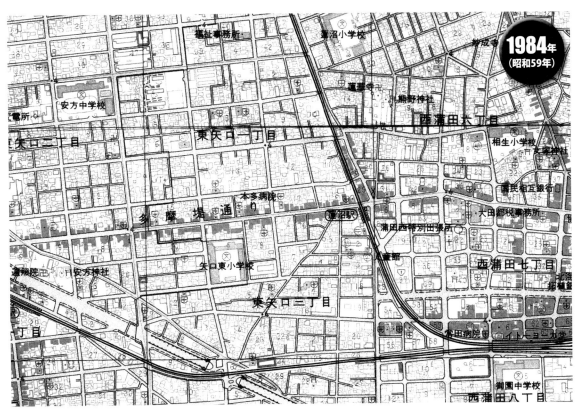

蒲田駅

所在地：大田区西蒲田7−69—1
開業：1922（大正11）年10月6日
キロ程：10.9km（五反田起点）　ホーム：5面4線
乗降人員：63,543人（2022年）

　池上線の南側の起終点駅である蒲田駅は、東海道本線の蒲田駅との連絡駅であり、東側には京急蒲田駅が存在している。これらの駅の誕生の順序は、当然ながら現・JRの蒲田駅が最初で、1904（明治37）年4月に開業している。続いて、京急本線の京急蒲田駅となっている。3番目に誕生した現・東急の蒲田駅では、池上線の駅の方が目蒲（現・多摩川）線より1年早く開業している。開業したのは池上電気鉄道時代の1922（大正11）年10月だった。

　それから現在まで、東海道本線（国鉄→JR）の蒲田駅の位置は変わらない中で、池上線・目蒲（現・多摩川）線が発着する蒲田駅は大きな変化を繰り返してきた。もともとは、池上電気鉄道と目黒蒲田電鉄という別の会社の駅であり、位置についても当初は国鉄駅に対して、池上線は直角に、目蒲線は並行して設置されていた。しかし、1927（昭和2）年に池上線の駅が移動して、3つの線が並行する形に変わり、池上電気鉄道が目黒蒲田電鉄に合併されると、連絡線を設置。さらに1940（昭和15）年には、池上線が元の直角を成す形に戻り、目蒲線の駅が拡張されている。この間、池上線のホーム構造は、当初の2面2線から、両線での2面3線に変わり、再び2面2線に戻っている。さらに1945（昭和20）年6月の空襲により、目蒲線の矢口渡〜蒲田間が休止となり、国鉄の蒲田駅も焼失したため、同年8月に矢口渡〜蒲田間が復旧する際にルート変更を行って、池上線の上り線を転用して、目蒲線の電車が池上線の駅に入線し、2面2線のホームを共用する形を取った。その後、目蒲線ホームが増えて、3面3線の構造となっていた。

　この後、国鉄の蒲田駅に1962（昭和37）年、東口の駅ビル「パリオ」が誕生する。1968（昭和43）年に東急駅が高架駅となり、頭端式ホーム5面4線の構造に変わっている。駅の所在地は、JR駅は大田区蒲田5丁目、東急駅は蒲田7丁目である。ちなみに京急蒲田駅は蒲田4丁目にある。JR駅の構造は、島式ホーム2面3線を有する地上駅で、橋上駅舎となっている。

　この「蒲田」という地名は、戦前に蒲田町、蒲田区があったこともあって、かなり広い範囲で使用されている。現在の住居表示においても、蒲田1〜5丁目のほか、「蒲田本町」「東蒲田」「西蒲田」「南蒲田」「新蒲田」が存在している。歴史をさかのぼれば、古代には蒲田郷があり、その中心に薭田（ひえだ）神社があったとされる。薭田神社は現在、蒲田3丁目に鎮座する古社で、もともとは「蒲田神社」と呼ばれていた。祭神は誉田別命、天照大神ほかで、社伝では創建は709（和銅2）年となっている。南北朝時代には、江戸氏の一族が支配して、蒲田氏を名乗っている。江戸時代の蒲田付近はいくつかの村に分かれていたが、1889（明治22）年の町村制の施行で、女塚村、御園村、北蒲田村、蒲田新宿村と鵜ノ木村の一部が合併して、荏原郡蒲田村が成立した。1922（大正11）年、蒲田村が町制を施行して、蒲田町となり、1932（昭和7）年に東京市が35区に拡張される際には、蒲田町、羽田町、矢口町、六郷町により、蒲田区が成立している。戦後の1947（昭和22）年に蒲田区は大森区と合併して、大田区が誕生している。

　戦前、蒲田にあった名所といえば、蒲田梅屋敷、蒲田菖蒲園、松竹映画蒲田撮影所（スタジオ）の3つが挙げられる。このうち、現・京急の梅屋敷駅付近に広がっていた梅の名所「蒲田梅屋敷」は最も歴史が古く、江戸時代に売薬業の山本久三郎が梅の名木を集めて、東海道の休み茶屋として公開したことに起源をもつ。

　蒲田菖蒲園は、菖蒲の花などが見られる花の名所として、1902（明治35）年にオープンしている。開園したのは、横浜で植木商「横浜植木」を営んでいた鈴木卯兵衛で、磯子菖蒲園に代わる輸出用の菖蒲の栽培地として、蒲田駅付近に3万坪の菖蒲園を設けた。明治後期から大正期にかけて、東京郊外の花の名所として賑わいを見せたが、付近が宅地化されたことなどにより、1921（大正10）年に閉園した。現在は、蒲田1丁目にある呑川に架かる菖蒲橋の名称に残っている。

　松竹映画蒲田撮影所（スタジオ）は、映画「蒲田行進曲」の舞台となった場所で、1920（大正9）年〜1936（昭和11）年という短い期間の存在ながら、日本映画史に大きな足跡を残した「映画の聖地」である。撮影所のスタッフは、田口桜村を初代の所長とし、その後は映画監督の野村芳亭が引き継いだ後、後に松竹の社長となる城戸四郎が12年にわたり所長を務めている。また、劇作家の小山内薫が撮影総監督に就任していた。小山内は松竹キネマ俳優学校の校長も兼任していた。このほか、

アメリカ帰りのヘンリー・小谷が撮影技師長となり、監督陣には島津保次郎、五所平之助らがいた。

俳優では鈴木傳明、井上正夫、岡田時彦らが所属し、若き日の笠智衆も参加していた。女優では栗島すみ子、川田芳子、五月信子、花柳はるみ、田中絹代らがよく知られている。

しかし、この頃、徐々に町工場が増えていった蒲田においては、トーキー（音声入り）映画の製作は困難になり始め、1936（昭和11）年に神奈川・大船の松竹大船撮影所に移転した。撮影所の跡地は現在、大田区民ホールアプリコに変わっており、館内には撮影所前にあった「松竹橋」の親柱が展示されている。

松竹蒲田撮影所の移転・退去とともに、蒲田は多くの町工場がひしめく街に変わっていった。そこでは先進的な企業も蒲田に工場を構えるようになっていた。そのひとつが戦前におけるタイプライターの代表的な企業として躍進した黒澤商店だった。黒澤商店は、アメリカでタイプライターの技術を学んだ黒澤貞次郎が1901（明治34）年、銀座で創設した会社で、当初はタイプライターの輸入、販売からスタートし、やがて国産タイプライターの生産を行うようになった。黒澤は1914（大正3）年から、当時の蒲田村、矢口村にかけての約2万坪の土地を購入し、工場および社員用住宅を建設した。彼らはここで共同生活を行い、幼稚園、小学校も作られた。黒澤は敬虔なクリスチャンであり、ここを「吾等が村」と名付けて、理想郷の実現を目指した。戦後、黒澤商店は富士通と共同出資した黒沢通信工業を設立し、1989（平成元）年に社名をクロサワと改めている。現在はクロサワグループとなって、銀座にクロサワビルが存在している。

また、工業の街となった蒲田には、自動車に関する2つの学校も誕生している。日本自動車学校は1916（大正5）年、羽田に日本飛行学校を開いた実業家、相羽有が設立した学校である。1917（大正6）年、羽田の敷地内に日本自動車学校を開校した後、1919（大正8）年に蒲田駅前に移転してきた。後には、この蒲田において、日本飛行学校も同居することになる。この学校は日本最大の規模を誇り、1942（昭和17）年頃まで存在していた。もうひとつは、1925（大正14）年に開校した東京自動車業組合附属自動車学校をルーツとするエンパイア自動車学校である。この学校があったのは当時の六郷村大字出村で、1928（昭和3）年にエンパイア自動車学校となり、蒲田町内に寄宿舎を有していた。

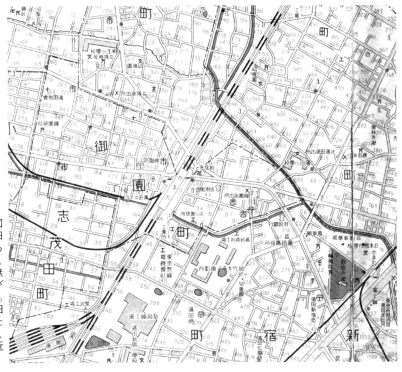

【蒲田駅付近（1932〜4年）】
この本で紹介している蒲田区詳細図は、東京35区のひとつである、蒲田区が成立したすぐ後で作成されたものと推定される。蒲田駅付近には、すでに新潟鐵工所、黒澤工場、東京無線電機会社、カーボン製造所などが進出し、一大工業地帯となっていた。また、大船に移転する前の松竹蒲田撮影所もこの街で大きな役割を果たしていた。この当時の蒲田区役所は、蒲田駅と現・京急蒲田駅の中間付近に置かれていた。

蒲田駅周辺

（左ページ上）帝国陸軍参謀本部陸地測量部発行「1/10000地形図」
（左ページ下）帝国陸軍参謀本部陸地測量部発行「1/10000地形図」
（右ページ上）建設省地理調査所発行「1/10000地形図」
（右ページ下）建設省国土地理院発行「1/10000地形図」

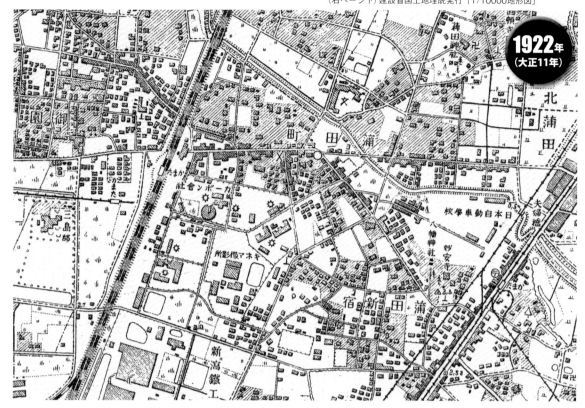

1922年
（大正11年）

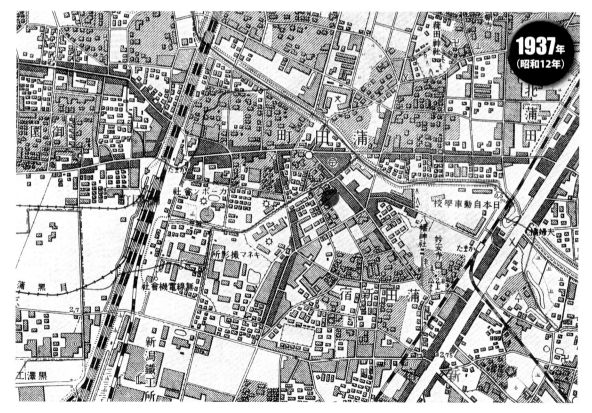

1937年
（昭和12年）

東海道本線と京急本線が走る蒲田の街は、大正期にはほど良く発展していたものの、隣の大森駅周辺に比べるとまだ多く、農地が残されていた。ここに松竹蒲田撮影所がオープンするのは1920（大正9）年である。また、荏原郡の蒲田村（後に町）時代には、「蒲田新宿」「北蒲田」という古くからの村の名称が残っていたが、東京市蒲田区になると「蒲田町」「新宿町」に変わり、現在は周辺を含めて「蒲田」を含む住居表示が多く使われている。

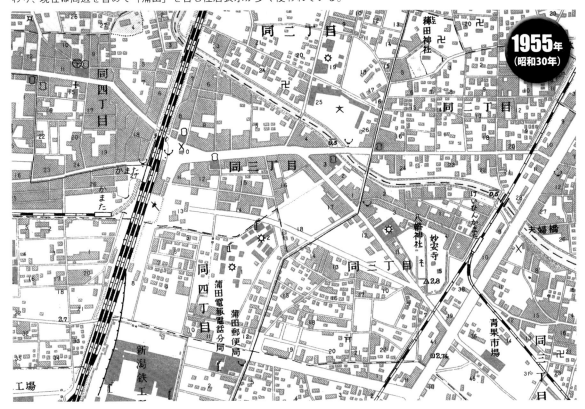

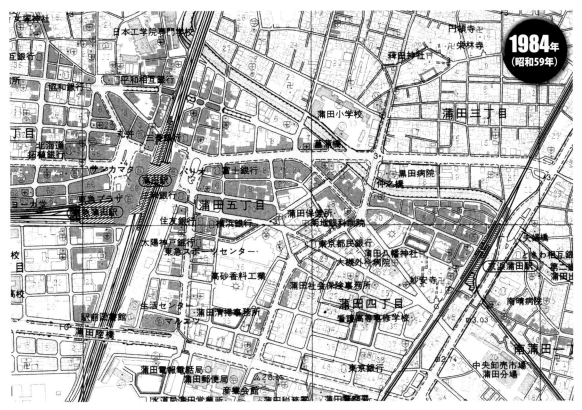

【蒲田駅（昭和戦前期）】
1904（明治37）年に東海道本線の駅として開業した蒲田駅。当時は列車本数も少なかったが、大正時代に入って京浜（現・京浜東北）線の電車が運転されるようになり、停車する本数も増加した。これは昭和戦前期の撮影と推定される西口駅舎で、現在とは比べ物にならないシンプルなものだった。

【蒲田電車庫
（大正〜昭和戦前期）】
蒲田電車区（現・大田運輸区）となる前の蒲田電車庫の構内で、現在の京浜東北線を走る電車の車両基地だった。もともとは、1923（大正12）年12月、品川電車庫蒲田分庫として設立され、翌年（1924年）5月に独立した。

【蒲田駅付近（大正期）】
東海道本線の蒲田駅付近の風景である。このあたりには人家は見えず、農地が広がっていた。

【蒲田駅前（1959年頃）】
昭和34（1959）年版として大田区が発行した「区勢要覧」に掲載されている写真で、国鉄蒲田駅東口商店街と説明されている。
アーケードのある商店街の前をバス、自動車が走っている風景である。

【大田区役所付近（1956年）】
同じく昭和34（1959）年版の大田区「区勢要覧」から、新築らしい大田区役所の庁舎と付近の空撮写真で、1956（昭和31）
年の撮影と説明されている。区役所付近には、緑豊かな庭付きの住宅が多かった。

【松竹蒲田撮影所（大正〜昭和戦前期）】
大正後期から昭和前期にかけて、蒲田の一大名所となっていた松竹蒲田撮影所。スタジオの前で撮影された一団は、撮影所で活躍した俳優・スタッフだろうか。

【松竹蒲田撮影所
撮影風景（昭和戦前期）】
日本最初のトーキー映画「マダムと女房」の撮影風景。1931（昭和6）年に公開されたこの映画では、劇作家である主人公の妻を田中絹代、隣に住むマダムを伊達里子が演じた。

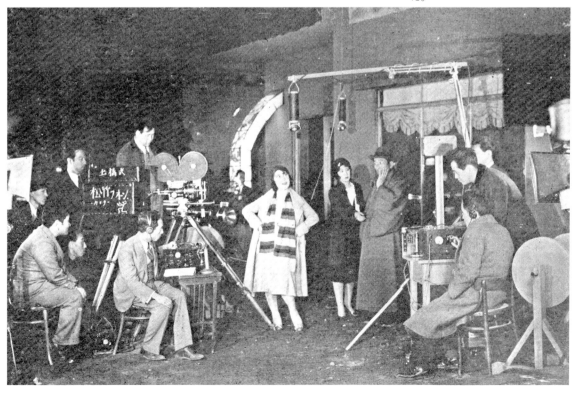

【松竹蒲田撮影所　ユニフォーム姿の女優（1925年？）】
野球のユニフォームを着て、勢揃いした松竹蒲田撮影所の女優陣。

松竹キネマ蒲田撮影所代表的
映画場面集
（大正〜昭和戦前期）

前掲君東京女高師教授菅原教造氏

【松竹蒲田撮影所
菅原教造教授】
松竹蒲田撮影所の全景と、講演会の講師を務めた東京女子高等師範学校（現・お茶の水女子大学）の菅原教造教授。菅原教授は心理学が専門で、服装文化論なども教えていた。

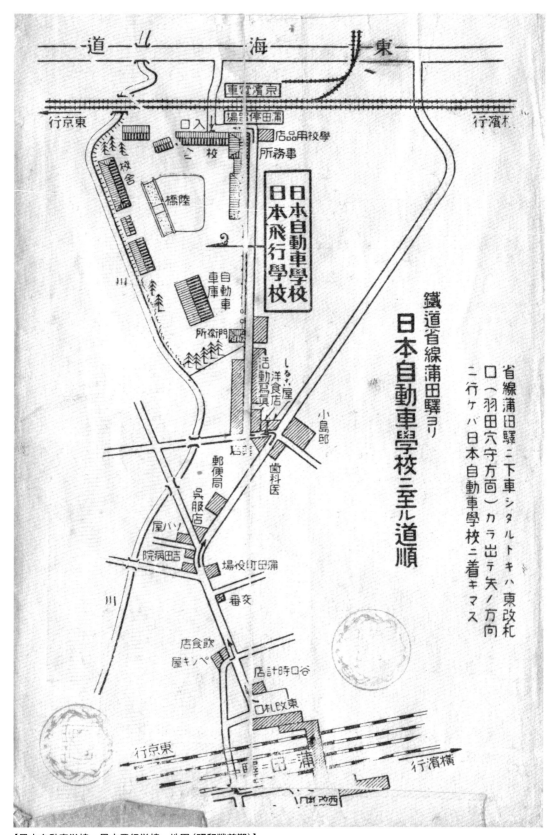

【日本自動車学校・日本飛行学校　地図（昭和戦前期）】
戦前、蒲田に存在していた日本自動車学校・日本飛行学校の地図で、国鉄の蒲田駅、京浜電車の蒲田停留場（現・京急蒲田駅）から、学校に至る道順が記されている。東海道、京急本線に近い場所にあった。

【東京自動車業組合附属自動
車学校　教習風景
（昭和戦前期）】
1925（大正14）年に開校した
東京自動車業組合附属自動車
学校の生徒たちの実習風景。
さまざまなスタイルの自動車
を運転していたようだ。

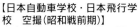

【東京自動車業組合附属自動車
学校　校舎（昭和戦前期）】
東京自動車業組合附属自動車
学校は1928（昭和3）年、エ
ムパイア自動車学校と改称し
ている。学校が存在していた
のは当時の六郷村大字出村
で、寄宿舎は蒲田町内にあっ
た。

【日本自動車学校・日本飛行学
校　空撮（昭和戦前期）】
京急本線、現・京急蒲田駅に
面して存在していた日本自動
車学校・日本飛行学校の空撮
写真である。手前に見えるの
は日蓮宗の寺院、妙安寺の境
内で、伽藍は戦災で焼失した。

最優秀事務用型
エル シー スミス
タイプライター
輕快、無音、頑丈は其特長

最新標準型
四段コロナ
家庭用、旅行用、携帯用
タイプライター

創作型
三段コロナ
長距離旅行用
最輕量タイプライター

黒澤商店―事務用機械

バロース計算作表機械

加算し、作表し合計を累積し自働的に印刷
して計算書、元帳、統計表等を誤謬なく
迅速に作製す

事務

打抜器

ルーズリーフ

黒澤商店蒲田工場施設

工作機械

食堂

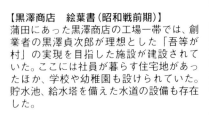

食堂、浴場、車庫附近

【黒澤商店　絵葉書（昭和戦前期）】
蒲田にあった黒澤商店の工場一帯では、創業者の黒澤貞次郎が理想とした「吾等が村」の実現を目指した施設が建設されていた。ここには社員が暮らす住宅地があったほか、学校や幼稚園も設けられていた。貯水池、給水塔を備えた水道の設備も存在した。

化＝能率倍加

番號器械各種

カード式及び
文書容器各種

出勤時間と
工作時間の
管理に

タイム　レコーダー
タイム　スタンプ

「インターナショナル」は
世界一の優秀品

【黒澤商店　製品カタログ
（昭和戦前期）】
タイプライターを主力商品としていた、黒澤商店の商品カタログ。タイプライターのほかにも、タイム・レコーダーやルーズリーフ式バインダーといった、さまざまな事務用品を扱っていたことがわかる。黒澤商店の蒲田工場は、東海道本線の線路に近い場所にあった。

黒澤商店蒲田工場施設

従業員住宅街

東京銀座　黒澤商店　蒲田工場（東海道線蒲田驛南）

【蒲田菖蒲園（明治後期〜大正期）】
堀切（葛飾区）と並んで、菖蒲の名所として有名だった蒲田菖蒲園の園内風景である。園内には菖蒲（あやめ）のほか、藤やチューリップなど四季の花々が植えられており、茶屋や亭（東屋）、渡り廊下などの設備があり、西洋式の温室も存在した。水辺の花については、小舟に乗って鑑賞することもできた。その後、都市化が進む中で住宅地に変わっていったが、現在の蒲田小学校付近の呑川に架かる菖蒲橋の欄干には、あやめのデザインが施されている。

【蒲田菖蒲園（明治後期〜大正期）】
満開の花の中で記念写真を撮影する家族連れ。

【蒲田菖蒲園（明治後期〜大正期）】
園内に点在していた東屋（亭）でくつろぎ、思い思いに花を愛でる人たち。

名勝温泉旅館スタンプ集（附鐵道）

池上線五反田驛

圖案は高架線と市街とを主題として富士の秀麗を配したもの（池上電鐵）

メッキリ賑やかになつた五反田、日蓮のお蔭でもあかと見れば左様でもない。世のスネ者の言ひ草が面白い「ナニ不景氣内閣の政策に舊市街を追ひ立てられた小商人に安月給取りが、空氣のよい新市街（郊外）へと口先ばかりのお體裁で引き越して來るからよ、朝ノ驛のホームに出てごらん、月給々々と靴が鳴いてゐると

は何んてマガいゝんでせう」と皮肉る。

日蓮上人が諸國巡化の折り此池で御足を洗つたとか洗はれたとかで其儘の地名

洗足池驛

圖案は洗足池の全景、銅像は日蓮上人行脚の姿（池上電鐵）

池上驛

圖案は池上本門寺の全景（池上電鐵）

となつたと、ハテ江戸名所圖繪に見へてゐたか知ら。

153

3300形デハ3308-デハ3306-デハ3307が蒲田に到着する。目蒲線のホームからの撮影。
◎蒲田　1971（昭和46）年2月20日　撮影：荻原二郎

クハ3852＋デハ3400形2両が蒲田駅1番線に進入する。蒲田駅は池上線側（北側）が1番2番、目蒲線（現在多摩川線）が3番4番である。写真の左手に分岐する線路は池上線の2番線から目蒲線につながっている。2番線だけが池上線と目蒲線の両方に出入りができる。◎蒲田　1980（昭和55）年3月31日　撮影：荻原俊夫

国鉄線との連絡通路を歩く人々。◎蒲田　1961（昭和36）年４月７日　撮影：荻原二郎

発車を待つ池上線デハ3204。乗降ホームが分けられた仮復旧時の蒲田駅。
◎蒲田　1961（昭和36）年４月７日　撮影：荻原二郎

植物の花や苗、種を扱う古風な商店は、
田園地帯を通る池上線の駅前にはふさわ
しかった。そういえば、蒲田には人気の
菖蒲園があった歴史もある。駅前広場は
未舗装で、土の匂いも漂ってきそうだ。
東京オリンピック前の昭和30年代、こう
した雰囲気の駅は東京近郊にどれくらい
残っていたのだろうか。
◎蒲田
1961（昭和36）年4月7日
撮影：荻原二郎

地平時代の蒲田駅。高い建物はなく空が
広がっている。左が池上線、デハ3300形
3309、右側は到着したばかりの目蒲線
デハ3456から乗客が右側のホームに降
りている。池上線目蒲線基本的には折り
返しはそれぞれ単線であった。右奥には
京浜東北、東海道線の電柱が見える。駅
の左側には乗客向けにたくさんの広告看
板、ホーム手前の架線電柱にも広告が書
かれ、東急の運賃以外の営業意欲を感じ
られる。撮影時点は高度経済成長期と
好景気だった。高架化4線になったのは
1968（昭和43）年である。
◎蒲田
1961（昭和36）年4月7日
撮影：荻原二郎

【蒲田駅付近　空撮（1962年）】
現在のような東口と西口を結ぶ橋上駅舎に変わる前の蒲田駅には、跨線橋が存在していた。さらに西口側では、国鉄駅と東急池上線・大井町線の蒲田駅を結ぶ連絡通路が存在していた。既に三菱銀行の支店が入るビルなどの姿はあるが、駅周辺には大きなビルはほとんどなかった。この年（1962年）12月にオープンする東口の駅ビル「パリオ」はこの頃、工事中だった。
◎1962（昭和37）年11月24日　撮影：朝日新聞社

生田 誠（いくた まこと）

1957（昭和32）年、京都市東山区生まれ。実家は三代続いた京料理店。副業として切手商を営んでいた父の影響を受け、小さい頃より切手、切符、展覧会チケットなどの収集を行う。京都市立堀川高校を卒業して上京し、東京大学文学部美術史専修課程で西洋美術史を学んだ。産経新聞文化部記者を早期退職し、現在は絵葉書・地域史研究家として執筆活動などを行っている。著書は「ロスト・モダン・トウキョウ」（集英社）、「モダンガール大図鑑　大正・昭和のおしゃれ女子」（河出書房新社）、「2005日本絵葉書カタログ」（里文出版）、「日本の美術絵はがき　1900-1935」（淡交社）、「東京古地図散歩【山手線】」（フォト・パブリッシング）ほか多数。
本書では駅周辺の解説、沿線案内図・地図・写真解説等を担当。

矢崎康雄（やざき やすお）

1947（昭和22）年東京都荒川区生まれ。慶應義塾大学鉄道研究会OB。幼少期から鉄道全般に興味を持つ。鉄道写真は中学生から撮り始めた。中学高校も鉄道研究会に所属、京成電車で通学して京成ファン。JTBに就職後、趣味対象が広がり、外国、主にヨーロッパに関心を持つ。ドイツの路面電車地下鉄のある都市や町約60か所はすべて訪れている。所属団体: Light Rail Transit Association、鉄道友の会、鉄研三田会など。鉄道趣味以外は音楽。オペラ鑑賞など。
本書では鉄道写真の解説を担当。

【写真撮影】
荻原二郎、荻原俊夫、矢崎康雄、山田虎雄
朝日新聞社

【資料提供】
大田区立郷土博物館

五反田～蒲田10.9kmを結ぶ15駅
東急電鉄池上線
沿線アルバム

発行日‥‥‥‥‥‥‥‥‥‥2023年10月5日　第1刷　※定価はカバーに表示してあります。
著者‥‥‥‥‥‥‥‥‥‥‥生田 誠、矢崎康雄
発行者‥‥‥‥‥‥‥‥‥‥春日俊一
発行所‥‥‥‥‥‥‥‥‥‥株式会社アルファベータブックス
　　　　　　　　　　〒102-0072　東京都千代田区飯田橋 2-14-5 定谷ビル
　　　　　　　　　　TEL. 03-3239-1850　FAX.03-3239-1851
　　　　　　　　　　https://alphabetabooks.com/

編集協力‥‥‥‥‥‥‥‥‥株式会社フォト・パブリッシング
デザイン・DTP ‥‥‥‥柏倉栄治
印刷・製本‥‥‥‥‥‥‥‥モリモト印刷株式会社